「不機嫌」と「甘え」の心理

なぜ人は素直になれないのか

加藤諦三

PHP文庫

○本表紙図柄＝ロゼッタ・ストーン（大英博物館蔵）
○本表紙デザイン＋紋章＝上田晃郷

はしがき

人間の感情は、「あの人が好き」とか「あの人が嫌い」とか、はっきりしているわけではない。また「あそこに行きたい」とか「あそこには行きたくない」とか、いつもすっきりと願望が統合しているとは限らない。むしろ現実の生活においてはいつも「好き」と「嫌い」という相反するものが心の中で葛藤《かっとう》している。好きな人が憎らしい、ということもある。行きたい気持ちが半分、行きたくない気持ちが半分、ということもよくある。

たとえば、ある男は京都旅行が好きである。しかし嫌いな女と一緒に行かなければならないとなったら、その男は、京都に行きたいのか、行きたくないのか、はっきりとしないだろう。

美しい景色とさわやかな空気の場所を見つけた。別荘を建てたいと思ったら、その野原にはヘビがいるらしいという。別荘を建てたいような気持ちでもあり、建てたくないような気持ちでもある。

そのような矛盾した感情が、旅行や別荘建築のようなことではなく、人間関係の中で起きてくる。恋人や、友達や、親などという近い相手に、矛盾した感情が向けられるということがある。

たとえば恋人でも妻でもいいが、ある男性が食事を作ってもらった。ところがその男性はその食事をまずいと感じている。しかし「これは美味《おい》しくない」と言えない。言えないのは、「これは美味しくない」と言ったら、嫌われると思っているからである。それを言ったら二人の関係は終わると思っているからである。彼は関係が終わることを恐れている。別れたくない。相手に執着している。だから「これは美味しくない」と言えない。嫌われるのが怖くて言えない。

しかし心の中では「こんなもの食べられない」と思っている。しかしそれを言えない。そこで黙々と二人は食事をしている。「砂を嚙《か》むような」とはこのようなことを言うのである。こうした小さな不満が日々心の中に積み重なっていく。この時の彼の心理は不機嫌に向かっている。

もしこの時に彼が「これは美味しくない」と言えたら、彼は不機嫌にはならない。この二人の関係はそんなことくらいでは終わらない、と思えば、「これは美味しくない」と彼は言う。すると、喧嘩《けんか》になるかもしれないが、相手は不機嫌にはならない。彼が相手の自分への愛を信じていれば、心の中で相手を責めながら、黙ってその場を取り繕《つくろ》うことはしない。

神経症型の人は「嫌われたら」ということが怖くて、言いたいことが言えないうちにだんだんとその不満が心の中に募《つの》ってくる。そしてその不満を表現することもできず、また別れることもできなくて、不機嫌になったり、相手を嫌いになったりしていく。

恋人が「今日は会えない」と電話で言う。すると「どうして？」と聞けない。理由くらい聞いてもいいのに、聞いて、「うるさい」と思われたらと恐れるから聞けない。そうしているうちに不満が募り、恋人に素直になれなくなる。神経症型の人は相手の顔色をうかがいながら話すうちに、心の交流を失ってしまう。

神経症型の人は嫌われるのが怖いから、相手が怒ると「ごめんなさい」と謝ってしまう。しかし心から謝っているのではない。嫌われるのが怖くて、言葉として「ごめんなさい」と言っただけである。気持ちが謝っているわけではない。それを繰り返しているうちに、次第に自分の気持ちが理由もなく不機嫌になってくる。

神経症型の人は「なぜ、相手が怒ったか？」という原因を考えない。「どうしてこの人は怒ったのだろう？」と考えて、原因を理解することのほうが、今後の二人のためには大切である。それなのに、とにかく相手の怒りを静めることを考える。そして、言葉として「ごめんなさい」と謝ってしまう。

神経症型の人は相手の心を読むことをしないで、「ごめんなさい」と言って、自分の態度を売り込む。しかしいさかいの原因が取り除かれていないから同じことが繰り返される。相手に理由も聞かないし、自分の不愉快な気持ちを伝えもしないで、ただ嫌われたくないために、「ごめんなさい」を言う。だから次第に相手に素直になれなくなる。次第に相手が好きではなくなる。しかし相手から離れられない。神経症型の人の人間関係の特徴は「不機嫌」である。

「なぜ、相手が怒ったか？」という原因を考えていけば、相手と自分の世界観の違いに気がついたかもしれない。相手と自分が求めているものの違いに気がついたかもしれない。あるいは相手の心理的幼児性に気がついたり、自分の心理的幼児性に気がついたりするかもしれない。自分の心理的幼児性が原因でトラブルになったのなら、それを反省しない限り、また同じことが繰り返される。

この本では、好きな人に敵意を持つというような両立しない感情を考えてみた。人は嫌いな人に敵意を持っても苦悩しない。しかし別れられないほど好きな人に敵意を持った時に苦悩する。この本はそうした苦悩の心を分析した本である。八方塞《ふさ》がりの心理の分析と言ってもいいかもしれない。

「私はこういう人間だ」と言える人は、心の葛藤に苦しめられることはない。嫌いな人は嫌いであり、好きな人は好きである。どう生きていいかわからなくなることはない。

なお、この本の中では、神経症者という言葉は自己実現できていない人というくらいの軽い意味で使われている。つまり、人を自己実現型の人と神経症型の人に分類して使っている。

「不機嫌」と「甘え」の心理◎目次

第4章 家庭内暴力は愛情欲求のSOS

第5章　意味もなく相手を恐れてしまう心理

第6章　誰かにしがみつくことでは解決しない

第7章　依存心が強い人の幸福はもろい

第8章　真の親しさを求めなさい

第1章

「嫌い」が言えない心理

好きでもないものに固執する人々

「反対感情併存」という言葉がある。同じ対象に両立しない矛盾した感情を持つことである。同じ人に愛と憎しみの両方の感情を抱くことである。相手を憎みつつも、相手に執着すると言ったほうがいいかもしれない。相手を愛することも憎むこともできない。これほど人間を追い詰める心理もないであろう。「もう生きていけない」と感じるほど追い詰められるのは、この心理に支配されている時である。愛しているだけであれば幸せである。憎んでいるだけであれば喧嘩をして別れればいい。どちらにしてもすっきりとしている。そこに複雑な心の葛藤はない。苦悩という性質の感情はない。

矛盾した感情という意味では、家庭内暴力はその典型であるが、暴力に至らない青年の家での不機嫌も同じである。親から愛を求めている。また他方で親を憎んでいる。彼は愛を求めている対象を憎んでいる。それが青年の家庭の中における不機嫌であり、あの重苦しさである。

ここで大切なのは、「愛を求める」ということと「愛する」ということとは違うということである。子供が親の愛を求めているからといって、子供は必ずしも親を好きなわけではない。親に執着しているが、親を好きなわけではない。

それはちょうど有名大学に入学することに執着している受験生を考えればわかる。その大学を彼は「好き」なわけではない。しかし入学しようとしている。その大学の入学に執着する。その大学の入学に執着するのは、「好き」ということとは別の理由からである。

ある劣等感の強い人がいる。名誉が欲しい。そして頑張って、頑張って、無理に無理を重ねて、ついに部長になった。しかしその仕事が嫌いである。今の仕事は自分に向いていないと知っている。彼はどうするか。彼はやはり部長という地位に執着するだろう。部長であることは嬉しいが、部長であることは同時に嫌でもある。心の葛藤に苦しめられる。

勉強に価値があると教え込まれた子供がいる。やがて成人して大学に行き、さらに大学院まで行き、外国に留学し、助手から専任講師にまでなった。彼は学問の世界では成功者である。彼は嬉しいが、勉強は嫌いである。こんな時に彼はどうするか。劣等感が強ければその地位に執着する。人は嫌いなものにも執着する。彼は四十代でノイローゼが深刻になり大学を辞めた。

劣等感の激しい女性が有名大学卒業でエリート・ビジネスマンと恋愛をした。恋愛中に彼の性格がひどく自己中心的であることに気がついた。次第に彼への熱は冷めてくる。しかし彼女は彼と別れないで結婚しようとする。彼女は彼に執着する。

ある有名なブランドの家系の者と恋愛をした女性がいる。劣等感の強い、神経症的傾向の強い女性であった。恋愛期間中にその男の嫌な面が次々とわかってきた。自分以外に女がいることもわかった。そこでその男を憎んだ。しかし彼女はそのブランド名が欲しくて、彼と別れなかった。それでも彼女は彼に執着した。

頭が悪いという劣等感を持った男が成績抜群の女と恋をした。彼は日々傷ついていた。自分を傷つける女を憎んだ。しかしその女と別れようとはしなかった。その女に執着した。彼は傷つけられてもその成績抜群の女の恋人という立場が欲しかった。彼は、もともと頭が悪いという劣等感が深刻でなければ、その女に恋をしなかった。

「好き」と「執着」とはまったく違う

神経症者にとって名誉は価値がある。だからそれに執着する。しかし自己実現型の人には名誉はそれほど価値がない。そこまで苦労して手に入れる価値がない。神経症型の人と自己実現型の人とでは求めるものが違う。そして心の葛藤に苦しめられるのは神経症型の人である。

自己実現型の人の人生にも困難はある。重荷を背負って生きなければならないのは同じである。しかし神経症者のような苦悩は少ない。嫌いな女に執着したり、嫌いな職業に執着したりはしない。

神経症型の人は、一人で自分に価値を感じることはできない。だから神経症型の人は、自分の周りに何人の人が集まるかに関心がある。誰も来てくれなければ自分に価値を感じられない。そこで来てくれた人を大切にする。その人たちが好きだから大切にするのではない。周りに人がいなければ自分に価値を感じられないから大切にするだけである。

自己実現型の人は、「その人が好き」だからその人を大切にする。神経症型の人は、自分に価値を感じるために、その人を大切にする。逃げられるのが怖いから大切にする。

神経症型の人は、皆が高価な花を持ってきてくれることが嬉しい。一本一万円の花を持ってきてくれたということが嬉しい。自己実現型の人は、「あの人がくれた花」が嬉しい。神経症型の人は、一本一万円の花を持ってきてくれた人を大切にするが、他に一本二万円の花を持ってきてくれた人が出れば、そちらを大切にしてしまう。

他人もそうしていると神経症型の人は思う。だから今自分が大切にされていても、不安である。いつもびくびくしている。いつ自分が大切にされなくなるかわからないからである。だから神経症型の人はどんなに成功しても毎日怯《おび》えているのである。自分以上に成功した人が現われれば、その人のほうに皆が行ってしまうと思うからである。

極端な話、神経症型の男は「あなた、ステキよ」と言ってくれる女なら誰であってもいい。自分のほうから好きな人はいない。「男らしいわ、好きよ！」と言ってくれる女なら誰であってもいい。神経症型の人には目的がない。好きになる前に嫌われることを恐れている。だから神経症型の人は、自分が誰を好きなのかもわからない。自己実現型の人は「この人」という目的がない。「この人が好き」なのである。

そこが両者の大きな違いである。

「好き」ということと、「執着する」ということは違う。人は嫌いな者にも執着することがある。ことに神経症型の人は嫌いな者に執着する。ある男がある女に執着しているのを見て、好きなのだろうと思うのは間違いである。

この本ではボールビー博士という学者の本を引用する関係で、日本語訳の「愛着」という言葉をたびたび使うが、私に言わせれば、それはほとんど「執着」という意味である。

「良い子」は親の脅《おど》しの産物である

「良い子」が家に執着するのはなぜだろうか。可愛がられた子供は自立して家から離れていかれるという。しかし十分に愛されない子供は、いつまでも家から離れられない。

「良い子」は親の言うことを聞いて従順だけれども、親を信頼はしていない。まず何よりも、親と正面から向き合っていない。正面から向き合って親と衝突しないのが「良い子」である。表面的には問題のない関係であるが、「良い子」は親を信頼していない。

でもその親から認めてもらいたいのが「良い子」である。「良い子」は自立していないから親に認めてもらって初めて自分がある。親から認めてもらわなければ自分はない。幼児的願望が強ければ強いほど、認めてもらいたいという気持ちは強い。

だから「良い子」は親から離れられない。親から低く評価されることを恐れる。親から拒否されたら生きていけない。「良い子」にとって親は恐怖である。「良い子」にとって親は脅威の対象である。そしてその脅威の対象である親に執着する。

脅威の対象から離れるというのは、心理的に成長した人の場合である。心理的に健康な人ならば、脅威の対象から離れる。しかし「良い了」は脅威の対象にしがみつく。認めてもらいたいのである。親から捨てられたら生きていけないという不安から、親に執着する。

親にしがみついている姿を見て、「この子は親を好きなのだろう」と解釈するのは大変な間違いである。神経症的傾向の強い親は、子供が離れないのを見て、そう解釈する傾向がある。また心理的に健康な人も、自分と照らし合わせてそう解釈する。しかし違う。

「良い子」は親を恐れている。親は自分の価値を判断する人である。親は裁判官である。自分を評価する脅威の対象である。その評価なしに生きていけない。それが依存心である。そしてその裁判官に「良い子」という判決をもらわなければ生きていけない。裁判官は自分に「悪い子」という判決を下すかもしれないから、脅威なのである。

通常「良い子」は、家で十分に自分の役割を果たせるかどうか自信がない。「良い子」の家での役割、それは親を喜ばすことである。「こんないい家は他にはない、だから私は幸せ」、そう言って親を喜ばすことが役目である。

私自身が育った家では、とにかく人をけなせば父親は機嫌が良かった。劣等感の強い親ならばたいていそうであろう。お金のある人を見れば、すぐに「あの人は教養のない人」と間髪をいれずに言う。名誉のある人を見れば、「虚栄心の強い人」と間髪をいれずに言う。それが「良い子」である私の家での役割であった。うっかりと「いいなー」などと言ってしまえば、それこそ延々と責められ続けた。まさに責め苛《さいな》まれるという表現で表わすような状況が展開されるのである。

先日家の近くにある書店に行ったら「黄金虫《こがね》は金持ちだ」という、昔、小学校で習った歌が流れていた。私は思わず涙が出そうになるほどの感情におそわれて、立ちどまって聞いていた。私はその歌には思い出がある。それを学校で習った日に、ついうっかりと家でその歌を歌ってしまい、父親に聞かれてしまった。その日は夜中まで父親から責め苛まれた。「おまえはどうしてそんな俗な子になってしまったのだ」と、こっぴどく責め苛まれたので覚えている。父親は自分の家が、自分の望むほどお金持ちでないことに劣等感を持っていたのである。そこで「黄金虫は金持ちだ」という歌を聞いて激怒した。

誰が好きか、何が好きかがわからない

家や親が「良い子」にとって脅威というのはこういうことである。常に「良い子」として十分にその役割を果たせる自信がない。それが怖いのである。いつ失敗するかと常にストレスを抱えている。

それはちょうど、男として自信のない男性が女性とホテルに行く時の脅威と言ったら理解されるであろうか。男として自信がなければないほど、女性から男として褒《ほ》めてもらいたい。女性から男としての賛美が欲しい。それだけにまた女性とホテルに行くのが怖い。

脅威というと、すぐに刃物を突きつけられているような肉体的状況を想像する人がいるが、心理的にも人は刃物を突きつけられることがある。自分の役割を十分に果たせる自信のない「良い子」は、家や親が脅威である。「良い子」はいつも親から心理的に刃物を突きつけられているようなものである。おそらくカテコールアミンのようなストレスホルモンが、いつも普通の人以上に分泌しているのであろう。だから日常的にいつも不安な緊張をしている。

それなら逃げればいいではないかというのは、愛されて育った人の考えである。「良い子」はそれでも親からの好意が欲しいのである。親からの愛が欲しいから、親を喜ばそうとするのである。男として自信のない男性が女性から賛美を求めるのと同じである。男として自信があれば、そんなに女性から賛美を求めない。気に入らなければ別れる。

子供は自信がなければないほど、親から「良い子」としての賛美を求めるのである。だから心理的に刃物を突きつけている親に執着するのが、「良い子」なのである。

愛されて育った子供と、親を喜ばすことに必死だった子供とでは、生きてきた世界が違う。たとえば母親が料理を作ってくれた。親を喜ばすことに必死だった子供は体調が悪くても、出された料理を全部食べようとする。「良い子」は人の期待に背《そむ》くことはできない。人の期待に応《こた》えることで好意を得ようとしているのだから。

　そして吐いたとする。母親は「何で吐くの?」と責める口調で言う。それが愛を知らない子供の世界である。不幸という名の電車は、幼児期から走っているのである。

　しかし他所《よそ》の家に行って、料理を作った人が「え、好きじゃないの、残してもいいわよ」と言ったとする。その「良い子」は驚く。「え、こんな世界があるの?」と思うからである。作ってくれた料理を残しても嫌われない、それは知らない世界だった。しかしそれは安らぎの世界だった。

　人の期待に応えなくてもいいのだということを知っているのが、愛されて育った子供である。人の期待に応えなくても自分は拒否されないと、愛されて育った子供は感じている。嫌いなものを嫌いと言っても拒否されないという安らぎの世界で、子供は心理的に成長する。

　神経症的傾向の強い男は、女性から「あなた、好きよ」と言われると、その期待に応えなければいけないという気持ちになる。自分が相手を好きかどうかよりも、好かれたということ自体が嬉しい。そして恋愛が始まってしまう。

　神経症的な人は「これ、美味《おい》しいわよ」と言われると、美味しくなくても、美味しく食べなければいけない気持ちになってしまう。それは、それを残しても嫌われないという経験がないからである。期待にそわなければいつも親が渋面《じゅうめん》を作って自分を睨《にら》みつけた体験しかないからである。

つまり神経症的傾向の強い「良い子」は、誰が好きか、何が好きかが、自分でもわからない。そして大人になって「自分のない人」になる。

怒りを表現できない子供たち

青年の不機嫌には先に述べたような「気持ちの表現ができない」ということばかりではなく、願望そのものが矛盾しているということもある。家の中で重苦しくおし黙っている青年の心の中では、親からの独立への願望と、親への依存の欲求が衝突していることがある。このような時に青年は不機嫌である。

その時に、独立を親が妨害しているように青年は感じることがある。実際は親が独立への願望を妨害しているのではなく、自分の依存心がそれを妨害している。いずれにしろ彼は親への敵意を感じるが、口に出せない。心理的に依存しているからその憎しみを表現できない。親を憎みながらも親から嫌われたくないのである。

青年は親と関係のない自分一人の世界を持ちたいと願う。そこに親が入ってきてほしくない。親とかかわりのない自分一人の世界を求める。それが親からの独立の願望である。しかしそれを現実に実行する心理的能力に欠けている。そこで親がかかわることを許してしまう。許してしまうが面白くない。しかしそれにはっきりと抗議できない。それも不機嫌である。

母子関係の研究者として世界的に著名なボールビー博士は、「離別のおどし、およびその他の型の拒否は、子どもやおとなに不安と怒りの両種の行動を誘発させると考えられる」[1]と述べている。「捨てるわよ」という別離の脅《おど》しが、親に優しさを求めている子供の怒りを誘発するのは、容易に想像できる。

しかし子供のこの怒りが、別離を促進するとなれば、子供はこの怒りを抑える。捨てられる不安から子供は不満や怒りを抑える。子供は不満や怒りを口に出さない。だから子供はいつもイライラしている。また脅しに対してそうした対処の仕方をすることで、子供はずるくなる。子供は捨てられたくないから、もうちょっと我慢すればいいというずるさを身につける。

ただしここで注意しなければならないことは、ボールビー博士は見落としているのだが、別離の脅しがすべての親子関係に同様の不安と怒りの両種の感情を呼び起こすわけではない、ということである。もともとこの親子二人はどういう関係であったかということで、別離の脅しの与える影響は違う。

子供に怒りを誘発するのは、両者の間にもともと信頼関係がない場合である。親子の関係で信頼関係がないから、親の脅しが子供に怒りと不安の感情を誘発するのである。自分が見捨てられることはない、という安心感を持っている子供には、脅しは不安と怒りを呼び起こさない。脅しは脅しにならない。

それまでの日々の生活の中で子供は親に怒りを持っている。その怒りが脅しによって、表に出てくるのである。信頼関係があれば不安はない。信頼関係があれば、子供は怒りを表現できる。親を信じている子供の場合には、自分を見捨てないと信じていれば、子供は怒りを表現できる。親を信じている子供の場合には、ボールビー博士が言うように「不安と怒り」を同時に誘発することはない。

孤独な人は誰かれかまわず優しさを求める

たとえば、親は日常的に「百点とらなくたっていいのよ」と子供に脅しをかけている。本当は親は子供が「百点をとる」ことを願っている。そして百点をとらなければダメな子供と思われることを、子供は知っている。しかし親はそれを言わない。「百点とらなくたっていいのよ」という言葉に隠されたメッセージは「百点をとらなければ、ダメな子供」ということである。こんな親子関係の中で別離の脅しは子供の怒りを誘発するのである。

あるいは親は日常的に「勉強しなくたっていいのよ」と子供に脅しをかける。本当は親は子供が「勉強する」ことを願っている。勉強しない子供はダメな子供と思っている。しかし親はそれを言わない。子供はその親の気持ちを知っている。だから子供は怒りを感じる。「不安と怒り」を同時に誘発する場合には、もともとがこうした愛のない親による脅しなのである。こうした愛のない親子関係の中で、反対感情併存という重苦しい不幸は起きる。

「見捨てるというおどしは子どもを激しく怒らせるが、他方では、子どもが怒りを示すことによって実際にそのような行動を親に促す結果になるようであれば、子どもは決してその怒りを表わしはしない[2]」。このようなボールビー博士の説明は、誰でも納得するであろう。

私も親に対して怒りを表わさなかった。見捨てられる不安からである。嫌われたくなかったからである。悪い子と思われたくなかったからである。しかしこのボールビー博士の言うことには、先に述べたような条件があるということを忘れてはならない。

なぜ親の言うことが脅しになるかということである。それは子供の側が自己不在だからである。その子は親に認められて初めて自分の存在を感じることができる。親に褒められて初めて自分が生きていることに意味を感じることができる。自分で自分の人生に意味を感じる能力がない。だから親は脅しをかけられるのである。子供は親から認められることで自分の存在に意味を感じることができるということを頭に置いて、ボールビー博士の言葉を考えなければならない。

つまり愛情欲求が満たされない環境で育った人は、相手からの優しさを強く求める。そして相手からの優しさを強く求めていればいるほど、この愛と憎しみの矛盾も激しいものになる。だから反対感情併存の苦しみは、親子関係ばかりではなく、恋人同士、配偶者間についても起きる心理状態である。ここでも注意をしなければならないことは、恋人に優しさを求めることと恋人が好きだということとは別である、ということである。孤独な人は誰かれかまわず優しさを求める。

好きであるかどうかは別にして、恋人に優しさを求める気持ちが強ければ強いほど、恋人の一つ一つの態度に喜んだり、傷ついたりする。そしてその傷が激しければ激しいほど、恋人を憎む。しかし憎む気持ちを表現できない。そして優しさを求める気持ちが強ければ強いほど、その恋人から離れられない。

花を愛している人は、まず花を観察する

だから反対感情併存というのは、もともと愛情がない人々の間で起こりやすい感情矛盾なのである。愛情関係のない人々とはどういう人々であろうか。たとえば子供が風邪をひいた。すると親は子供を病院につれていって薬をもらってくる。それで終わりという親である。その後の子供の体調の変化に気がつかない。病院につれ

ていった、薬をもらってきたという「かたち」で物事をすませる。そこに心があるかないかは、問題ではない。

それに対して愛情のある親は、その後の子供の病気の経過に重きをおく。いつも子供の体調を考えている。風邪の治り具合をいつも気にしている。そういう親は、病院から帰ってきても、子供の様子をいつも見守っている、そしてそれにあわせて食べ物を考え、それにあわせて氷枕の氷を取りかえる。先生にどのようなものを食べさせたらいいのか、というような生活の指導を仰ぐ。

愛情が「かたち」だけというのは次のような場合である。病気の息子の部屋に入ってきて「どうだ?」と父親が聞く。父親は息子が健康になっていることを期待している。それを感じて息子は「はい、大丈夫です!」と答える。かたちとしては父親は息子の病気を心配している。しかし父親は息子の体の変化には気がついていない。息子は父親を恐れて「はい、大丈夫です!」と言っているだけである。そのことに父親は気がつかない。

愛情のない親の元で育った子供は、今度は親が植物状態になれば、親を病院に入れて、お見舞いには行かなくなるだろう。お金を出してそれで終わりである。お金を出してそれで終わりという子供を育てたのは、その親なのである。こうした関係の中で、反対感情併存という感情矛盾が起きてくる。

愛情については、植物との関係で言うとわかりやすいかもしれない。花を咲かそうと、やたらに水をやる人は花を愛しているわけではない。花を愛している人は、まず花を観察する。花が何を求めているかを観察する。観察しながら水をやる、陽のあたる場所に花を移す。愛情とはそうした花と人との関係である。

反対感情併存に苦しむ人は、まず自分が生きてきた生活を考え直してみることである。自分がどういう質の人間関係の中で成長したかを考えてみることである。きっと愛情のない人々の間で生きてきたことに気がつくに違いない。そこから出発するしかない。

実はこう書いている私も反対感情併存に苦しんだ一人である。そして自分の過去を反省してみれば、周囲の人ばかりではなく私自身にも反省するべき点はたくさんあった。私はいつも満たされていなかった。だからいつも自分を満たしてくれる人を求めていた。すると近くなった人に要求が多くなる。そこから反対感情の矛盾に苦しみだす。

目的を持って生きている人は、人を恨まない

ところで、恋人から離れられない、親から離れられないなどの執着をもう少し考えなければならない。相手から離れられないというと、相手を好きだと思ってしま

う。しかし相手に執着するのは、相手が好きではないからである。

例をあげて考えてみよう。神経症者は自分から人を好きになることは少ない。相手から褒められて相手を好きになる。相手から「あなたが好きよ！」と言われる、そうしたことで相手を好きになっていく。そうしたことで相手とつき合いだす。神経症的な男は「あの女がいい」と思って、その女に自分から近づかない。女のほうから言い寄られてつき合いだす。そしてその女に執着する。

ある神経症的男性がある女性に手玉に取られた。その女性は「あなたは素敵な方！」と男性を褒めつつ、その神経症的男性に近づいた。その男性は褒められたのと誘われたのとで、その気になった。デートの約束は女性のほうから仕掛けた。しかし最後のところで「いかがいたしましょう」と女性が言い、場所と時間は神経症的男性が決めた。ここで二人の関係は逆転してしまっている。

女性から誘ったのであるが、場所と時間を神経症的男性が決めたことで、その神経症的男性が誘った形になってしまった。誘われたのは女性のほうとなり、いつのまにか「責任とって」という形になっていく。女性が強い立場に立つ。会ってあげているというような恩着せがましさが女に出てくる。そうこうしているうちに男は適当に扱われ、捨てられそうになる。捨てられそうになると、男性は女性を追いかける。神経症的男性は女性にとっては遊びのためのいいカモであった。

神経症的な人は愛情飢餓感が強い。神経症的男性は愛されたいから次々に不誠実な女性に引っかかっていく。愛されたいから甘い言葉にふっと引っかかっていく。愛情飢餓感が強い神経症者は言葉に弱い。そして次々にトラブルを背負《しょ》い込んで消耗していく。

自分の人生において、人間関係のもめ事が多い人は、反省する余地がある。つまり「私は愛情飢餓感が強いのではないか」と反省することが必要である。

神経症者は自分が好きで自分から相手に近づかないから、トラブルになっても相手を諦《あきら》めきれない。相手にまとわりつく。執着するのは自分が相手を好きでないからである。

自分が好きで始めた恋愛なら、トラブルになれば諦める。相手から捨てられれば諦められる。しかし自分から求めたものでない時に、相手から捨てられれば諦めきれない。相手からうまく操作されて関係ができた時に、相手に執着するのである。

たとえば二つお饅頭《まんじゅう》があるとする。そして一つには毒が入っている。自分がどうしてもお饅頭を食べたくて食べたのであれば、毒のあるほうを食べても諦めはつく。しかし食べなさいと言われて、あるいは「あなたって勇気あるわねー」と煽《おだ》てられて、そのお饅頭を食べたとする。そして毒のあるお饅頭のほうを食べてしまって病気になれば、あの時に食べてなければと、毒のあるお饅頭のほうを食べたことを諦めきれない。そして自分に食べさせた人を恨む。執着と恨みはつながっている。

もう一つ別の例で考えてみよう。山に登りたくて山に登った。ところが怪我《けが》をした。この怪我は痛いが、諦めはつく。自分が登りたくて登ったのだから。体の傷は残っても、心の悩みとはならない。しかし登りたくない山を登ったとする。山登りというイメージに憧れたり、誘われたりして嫌々ながら山に登った。そこで怪我をした。すると誘った人を恨む。山登りというイメージに憧れて登ったことをいつまでも後悔する。

するとこの傷はなかなか諦めがつかない。この怪我をしなければと、長いこと山に登ったことを悔やむだろう。好きでないのにしたことで失敗をすれば、元に戻らないことをクヨクヨと悩む。こうして悩みを背負い込む人がいる。そうした人はたいていいまた別の時に別の場所で別の悩みを背負い込む。そして苦悩に満ちた人生を送ることになる。

女が男を恨む時も同じである。男が適当なことを言って、女とセックスする。女は相手を好きになる。そして男は逃げ出す。こんな時に女は男を恨む。「執着と憎しみ」の併存である。「愛着と憎しみ」の併存というよりも、「執着と憎しみ」の併存である。

だから神経症者はいつも人を恨んでいるのである。神経症者は先にも言ったとおり、愛されたいからすぐに引っかけられる。神経症者は外面《そとづら》はいいし、第一印象がいい。そこで最初は人から好かれる。しかしつき合いだすと面白くない。そして捨てられそうになる。すると相手に執着する。そして「あなたに不幸にされた」というようなことを言っては相手を恨む。「私をこんな気持ちにさせておいて」と相手を恨む。自分から相手に近づいていれば、別離に際して相手を恨まない。

神経症的な男も女にもてあそばれる。適当に誘惑されて、この男はつまらない男だと思われれば、近づかれた後で、女から「そんなつもりじゃないわー」と言われる。そこで神経症者は人を恨む。そして復讐的になる。

日頃から目的を持って生きている人は、男であれ、女であれ、人を恨むことは少ない。自分の意思で動いているからである。

1 John Bowlby, "Attachment And Loss"『母子関係の理論』二巻「分離不安」黒田実郎・岡田洋子・吉田恒子訳、岩崎学術出版社、二八一頁。

2 前掲書、二七八頁。

3 英和辞典を見ると、元の attachment という単語は、執着と愛着が両方出ている。日本語訳としては執着のほうが適当であろうと私は思う。

第２章

なぜあなたはイライラしてしまうのか

喧嘩恐怖症は別離恐怖症

ところで反対感情併存はもちろん親子ばかりではなく、恋人たちの喧嘩にも見られるであろう。恋人が朗《ほが》らかにしていてもらいたい。恋人が辛い顔をしてほしくはない。自分の気持ちを明るくするような声で自分に話をしてもらいたい。そうなるから、神経症者は相手に対する要求が多くなる。過剰に優しさを求める。大人になっても母親が赤ん坊に示すような優しさを恋人に求める。相手の気持ちの在《あ》り方にまで過大な要求をする。いつも「こういう気持ちでこちらを見つめていてほしい」というような要求がある。

たとえば相手にはいつも朗らかでいてほしい。それなのに相手が無口でいたりする。すると神経症者は恋人の無口に心の中で怒る。恋人の無口が面白くない。しかし心の中で怒りながら、その怒りを表現できないことが多い。無口を責めると恋人から嫌われるかもしれないからである。嫌われることが怖いから、相手を責められないのである。恋人から拒否されないかと不安になるから、恋人を責められないのである。喧嘩恐怖症である。相手が気に入らないことをしているのに、怖くてそれが言えない。喧嘩ができない。喧嘩恐怖症は別離恐怖症でもある。これが不機嫌である。

この場合も注意すべきは、お互いの関係の中にある不信感である。相手を信じていれば、怒りを表現できる。しかし相手を信じていないから、怒りを表現できない。反対感情併存は人間の一般的な感情矛盾ではなく、不信の関係の中で生じるものであることを忘れてはいけない。

人は別離が怖いから相手を非難できないで、不機嫌になる。不機嫌は、執着人物に対する表現できない敵意でもある。だから黙っている。そんなことをしていても不安で仕方ない。イライラは募《つの》る。すると不安やイライラから、一層無条件の愛を求めて相手にしつこくまとわりつく。優しさを求める気持ちが強ければ強いほど、相手の無口は堪《こた》える。また不安だからこそ、拒否を表わす相手の態度に敏感になる。

時にこの矛盾した感情の緊張に耐えられずに、方向性のない感情を爆発させることもある。相手の無口に耐えられなくなって怒りを表現しつつ、泣きわめく。別れることが怖くて、怒りを相手に向けられない。だけど怒っているのは怒っている。

イライラしている人は、爆発してはいないけど爆発しそうになっているという人である。感情的に不安定な人というのは、このようなイライラ人間を言うのではなかろうか。イライラというのは、愛していない者同士の関係の中で起きる。愛していない人のお互いの気持ちの行き違いである。

愛情のある親子はイライラしない

たとえば愛情のある親子と愛情のない親子の関係で、これを考えてみよう。子供は体調を崩して食欲がない。しかし子供も何かを食べたほうがいいとは知っている。そんな状態の時である。

ある母親は「何食べる?」と聞く。食欲のない子供は、何を食べたいかすぐには言えない。そこで「別に……」と言う。母親から「食べたほうがいいわよ」と言われる。そう言われたり、「何食べる?」と聞かれたことで子供はイライラする。お互いの意思の疎通ができていない。母親は何を作っていいかわからない。そこで「でも、何か言ってよ」と言う。すると子供はぶすっとして「オムレツ」と言う。

やがて出されてきたオムレツを見て、子供は胸がむかむかする。健康な時に食べたオムレツをイメージしていたが、それが体の調子の悪い時には美味《おい》しそうではないからである。そこで胸がむかむかして食べる気にはならない。母親はそれを見て「せっかく作ったのに」と思う。親も子供も何かイライラする。母親は子育てに努力している。この母親は子供のために努力していると思っている。

それでは愛情のある親子の場合を考えてみよう。子供の体の調子の悪いのを見てとった母親は子供に「何食べる?」としつこく聞かない。小さいお茶碗《ちゃわん》にお粥《かゆ》を持ってくる。そばには小さい梅干しがある。そこで子供は食べられる。すると「良かったねー、全部食べたの、すぐによくなるわよ」と母親は言う。一時間後にまた、果物なりアイスクリームなりを持ってくる。次は白いご飯。葱《ねぎ》とショウガで汁ができている。

この母親は日頃から子供の好きな食べ物を知っている。そしてそれを体の調子の悪い子供が食べられるようにして出してくる。だから「何食べる？」としつこく聞かない。日頃から子供を観察しているから、子供が体調を崩した時に適切な処置ができるのである。

そして子供が食べたあとは、「あー、よかった、これで寝られるよ」と言ってパリパリのシーツを敷いて子供を寝かせてくれる。子供はその気になって、眠ってしまう。これが愛情のある親子の関係である。こうして子供は心理的に成長していく。ただ子供を抱くことが愛情ではない。親がイライラしながら抱いてくれても、子供は嬉しくはない。

愛情のある親子はイライラしない。愛情のある親に育てられた子供は大人になっても自己無価値感に苦しむこともないだろう。心理的に成長できているからである。

子供が心理的に成長するのには、後者の例のような愛情が必要なのである。子供を心理的に成長させる愛情とは、子供が求めていることを理解できる能力ということである。もともと愛情とは相手の求めているものを理解できる能力である。この理解がないのに、「こんなに努力しているのに」と子供を責めつつ、消耗していく母親がいる。

子供は「あのねー、あのねー」と言う。母親が「なーに?」と聞く。そして子供は「何でもない」と言う。そこで子供の心は不機嫌になる。言いたいことが言えなかったことで、不機嫌になる。こうしたことの繰り返しの中で子供の心に生じる不信感こそ、子供の心理的成長を妨害しているものなのである。

自己執着の強い人は相手が何を求めているかを理解できない。つまり自己執着の強い親は、子供が何を求めているかを理解できない。だからどんなに子育てに努力しても子供は心理的成長に失敗するのである。そこに親の燃え尽きる原因がある。

自己執着の強い親は、子供を見ていない。だから子供の求めているものを理解できていない。愛情のある親は子供を見ている。だから子供がジュースを美味しそうに飲むと、この子は「このジュース」が好きなのだとわかる。そのジュースを飲んだ子供の様子を見ている。日頃子供を観察しているから、体調を崩した時に親はその子供の好きなジュースを黙って出してあげられる。「愛している」とは「わかっている」ということでもある。

子供を愛している親は、穴に落ちた子供に、「なぜあなたは穴に落ちたか」を解説してあげるよりも、子供を引き上げてあげる。自己執着の強い親は子供になぜ落ちたかを言おうとする。子供を愛している親と、愛していない親との違いは、子供がその時に求めているものを理解できるか理解できないかの違いである。

お世辞は一種の逃避である

歪《ゆが》んだコミュニケーションの形に接線的コミュニケーションと言われるものがある。例としては次のようなものが本[4]にはあげられている。子供が苦労してセミを捕ってきた。誇らしげに母親に見せる。すると母親が「汚い手、洗ってらっしゃい」と子供に言う。こうした「相手の意図に即してメッセージを受けとることなく、かえって付帯的にすぎない面を強調応答する」[5]コミュニケーションの形式を接線的コミュニケーションという。

この接線的コミュニケーションも、相手への観察がない。相手が何を求めているかを母親は理解していない。また母親は子供の喜びが自分の喜びにはなっていない。

ではどうすればいいか。「まー、汚い手、はやく洗ってらっしゃい」と言わないで、「あー、そー、よく捕れたねー、すごいわねー、ちょっとどんなセミが捕れたのかお母さんに見せて！」と言ってあげれば子供は得意である。そう言ってから「セミも生き物だから放してあげようか」と言えば、それで子供も満足するし、道徳教育もできる。子供にとっては捕れたセミを見せたところに意味がある。この子供の気持ちを汲《く》んであげることで子供の愛情要求が満たされる。

子供を褒《ほ》める時も同じである。子供でも嘘は知っている。子供を褒めるためには日々その子供を見ていなければならない。子供の試験の答案の字がきれいだとする。日頃汚く書いていたとすれば「今回は字がきれいだね、だから五十点も取れた」と褒められる。日頃のその子の字を見ていなければ、字のきれいなことを褒められない。それでなければ煽《おだ》てになり、お世辞になる。

お世辞は相手に対する迎合である。楽をして相手に気に入られようとしているのである。煩《わずら》わしさを避けて適当にしているだけである。

子育てには褒めることが大切だといっても、その子供のどこを褒めるかは、常にその子供を見ていないと見つからない。ボーッと子供を見ていても、子供の褒めるところは見つからない。しかし常にその子供を見ている親は、自信をもって子供を褒められる。愛情とはその人を見ていることでもある。

このような愛情のある親子関係ではイライラはおきない。少なくとも愛情のない親子に比べればイライラはない。子供は大人になって劣等感に苦しむことはない。

健康なイライラ、不健康なイライラ

イライラという時に、少し解説をする必要があるかもしれない。ここで言っているイライラは、神経症的イライラである。つまり誰でもイライラする。心理的に健康な人だってイライラする。健康な人がイライラするのは、イライラしながらも不安ではない。これが神経症者のイライラと、心理的に健康な人のイライラの違いである。

たとえば急ぎの会議に必要な書類の作成を部下に頼んだとする。上司にしてみれば、とにかく早くしてほしいということが第一で、書類の体裁《ていさい》のきれいさは二の次である。そんな時に部下が書類の体裁にかまってなかなか書類が出来上がらなければ、誰でも部下にイライラする。このようなイライラは心理的に健康な人でも味わう。そこを間違えないでほしい。自分が何かにイライラした時に、すぐに自分は神経症型の人かなと思うことは間違いである。

また憂鬱《ゆううつ》は、不機嫌やイライラとは異なった性質の感情のように私には思える。しかし憂鬱な人はまた、イライラして不機嫌な人でもある。憂鬱の原因はよく、攻撃性を自分に向けてしまうことであるとされる。私も今までそのように思っていた。しかしよく考えてみると、それは、不機嫌、イライラの原因でもある。つまり相手を心の中で責めながらも他方で愛情を求めている。だから心の底の敵意の感情を表現できない。その苦しい葛藤でイライラしているのである。

憂鬱は、相手を責めているということを自分が意識できていない時の感情であろう。つまり攻撃性の抑圧である。つまり憂鬱な人は、自分がわからなくなっている人である。自分がわからないというのは辛い。自分が何を好きか、何を求めているのか、自分は誰を好きなのか、自分に適した生き方はどういう生き方か、何も自分がわからないのである。憂鬱な人は目的を失ってしまっている。

ボールビー博士の言う「愛着、不安、および怒りの間に見出される密接な関係」を考えなければ、不機嫌とか、憂鬱とかの感情は説明できないだろうが、この二つは違う。不機嫌とか憂鬱というのは、まさに同一人物に向けられた愛と怒りと不安からくる「苦悩に満ちた多様な葛藤」なのであるが、やはり不機嫌と憂鬱は違う。

イライラと同じように、憂鬱も神経症型の人の憂鬱と心理的に健康な人の憂鬱とは違う。心理的に健康な人の憂鬱というのは、どちらかというと絶望感や寂しさに近い。ここで何の断りもなしに書いている憂鬱とは、むしろ神経症的憂鬱と言ったほうがいいかもしれない。

もちろん心理的に健康な人でも憂鬱になる時がある。たとえば好きな女性がいるとする。しかしその女性の寿命はあと二日間しかない。その「どうにもならない」

感情が憂鬱に結びついていく。つまり憂鬱は、自分の力では対処できない事態に際して抱く感情である。

あるいは今好きな人とデートをしている。そのデート自体は楽しい。しかし明日自分は手術があるとする。憂鬱である。もちろん明日手術があるというだけでも十分憂鬱ではある。

はしがきに書いた旅行の好きな人の例がそうである。京都旅行が好きだとする。しかし嫌いな女と一緒に行かなければならない。好きな人と一緒なら嬉しいが、嫌いな人と行くとなれば憂鬱であろう。心理的に健康な人でも憂鬱にはなる。しかし神経症型の人と違って、根は深くない。その事柄が終わればその憂鬱は消えている。神経症型の人の憂鬱は、事柄とは関係なく憂鬱なのである。旅行が終わっても憂鬱なら神経症的である。

相手といると不機嫌な人は、一人になると憂鬱になる。不機嫌も憂鬱も、どちらも「やりきれない」感情ではある。だが相手を責めながらも、相手にそれを表現できないというのが不機嫌である。その相手がいなくなってしまうのが神経症型の人の憂鬱である。不機嫌な人も神経症的に憂鬱な人も信じる人がいない。

寂しさと不機嫌とも違う。寂しさについてもよく攻撃性を自分に向けるという説明がなされる。その説明の当否は別にして、不機嫌との違いを言えば、次のようになる。不機嫌は相手を責めているが、寂しさは相手を責めていない。

自分には母親がいない。だけれども親切な叔母がいる。自分のことを子供のように可愛がってくれている。その叔母には感謝している。しかしもう一つ何かが足りない。それを叔母に求めることはできない。それはわかっている。そんな時に寂しい。そのことで決して叔母を責めてはいない。叔母には感謝している。でも何かが足りない。叔母にはこれ以上は求めてはいけないと心から思っている。これが寂しさである。不機嫌は、求めているものが得られなくて、相手を責めている、しかも口に出して相手を責められない。

イライラは甘えの裏返しにすぎない

人はあまり近くない人に対しては、不機嫌の感情を持つことはない。不愉快な感情を持つことはあっても、不機嫌にはならない。あまり近くない人とはかかわっていないから、好きは好きであり、嫌いは嫌いなのである。感情的にはスッキリとしている。多様な心の葛藤はない。

何よりも、他人である相手にそれほど多くのものを求めていない。あくまでも相手は自分にとっては他人なのである。それに、不愉快な時には相手から離れればいい。相手から見捨てられることがそれほど怖くないから、近い人に比べれば、自分の言いたいことも案外素直に言える。だからガマンすることも少ない。

不機嫌になるのは、相手と深く関わっている時である。不愉快だからといって相手から離れられない時である。また不愉快だけれども他方では、その人を好きであるという時である。相手から離れられない状態で、相手に不愉快な時に、「私は不愉快だ」と言えない。だから不機嫌になるのである。

子供が何か母親のことを不服に思っている。しかし母親から見捨てられるのが怖くて、その不服を言えない。それが子供の不機嫌である。子供が言いたいことを言えない時には、母親と子供との間には相互の信頼はない。子供は自分を守るために、自分の思っていることを素直に言うのは危険だと思うから言わない。

不愉快と不機嫌は違う。子供が飛び上がって喜ぶだろうと期待して父親がおみやげを買ってきた。しかし期待に反して子供は喜ばなかった。父親は不愉快である。そこで父親が怒れば不機嫌にならない。それは単純な怒りというか、純粋な怒りである。

ところが父親は子供に怒れない時がある。どこかで子供に遠慮がある。子供から「いいお父さん」と思ってもらいたい。だから父親は子供に自分の不愉快な気持ちを言えない。そこで父親は不機嫌になる。子供に遠慮があるということは、親子で心がふれ合っていないということである。

十代の自殺で重大なのは家族との関係である

ふれ合っているとはどういうことであろうか。たとえばふれ合っている家族とは、一人一人がバラバラなことをしていても、何となくまとまりがある家族である。犬と心のふれ合っている人は、犬の鳴き声で犬が何を求めているかがすぐにわかる。水を飲みたがっているのか、家の外に出せと言っているのか、鳴き声で犬の言うことがわかる。

またふれ合っている人は、自分に利益をもたらさなくても、相手は自分にとって意味がある。ふれ合いそのものが、その人に満足をもたらしているからである。ふれ合っている人は、心の支えでもある。ふれ合っている人は、ケンカをしても相手の幸せを願っている。

ふれ合っている人は、言いづらいことが少ない。ケンカをしても、別れの不安がない。相手に無理して合わせる必要がない。断る時に不安がない。このような関係がふれ合いの関係である。

ふれ合っている人は、相手への関心があるが、相手に自分をよく見せようという気持ちは少ない。相手への関心があるというのは、たとえば、今日の相手の顔色に自然と注意がいく心理状態である。今日は、顔色が悪い、この人は疲れているのだ、ふれ合っている人は、そうしたことがすぐにわかる。そうした相手に対する関心は凄《すご》い。この人は今日は、好きなプリンを食べない、体の調子が悪いのではないか、ふれ合っている人は、相手に対するそうした関心が強い。相手からよく思ってもらおうとする気持ちは少ないが、相手のことが気になる。

たとえば子供が自殺した時、よく周囲から「変化に気がつかなかった」と言われる。「思い当たることがない」と周囲の人から言われる。つまり自殺する子供は、周囲の人々から関心を持たれていなかったのである。友人と騒ぎながらも、誰からも関心を持たれていなかった。ふれ合っている友人がいなかった。

そういう子供は、小さい頃「頭が痛い」と言う前に、どうもおかしいと額に手を当ててくれる母親がいなかったのではなかろうか。小さい頃泣いた時に、「なぜこの子は泣くのだろう？」と原因を考えてもらえなかったに違いない。泣く原因を考える前に、泣くから「おまえは弱虫だ」と親から言われたのではなかろうか。

怒った時に「この子はなぜ怒ったのだろう？」と考えてくれる親の元で育った子供と、不当に扱われても怒りさえも表現できないで育った子供とでは、まったく違った世界で育っているのである。子供が言うことを聞かない時に「この子はなぜ言うことを聞かないのだろう？」と、その子の言動の原因を考えてくれる親がいる。それに対して、言うことを聞かない子供に、ただ怒りをぶつける親もいる。

ある子供が家に帰ってきて「皆がぼくのことをいじめるんだよ」と母親に言った。その言葉に反応して、すぐに学校にとんで行く母親もいるだろう。それが正しい時もある。しかし子供は「皆がぼくのことをいじめるんだよ」と言って、「でもぼくは頑張ったんだ、すごいでしょ」と母親に自慢したくて、そう言う時もある。

その時には子供は「すごいねー、ぼくは強いんだねー」と母親に言ってほしいのだろう。またいじめられた時の自分の悔しい気持ちを聞いてほしいという時もあるだろう。もちろん「いじめをとめてくれ」と訴えている時もあるだろう。それは子供の顔色で親が理解するものである。それを判断してくれる親と、子供の言葉だけしか理解しない親とがいる。すべて言葉通りにしか受け取らない親と、その言葉を言った子供の気持ちを考えてくれる親とがいるだろう。ふれ合っている親子と、ふれ合っていない親子の違いである。

自殺したあとでよく「あの明るい子が」と言われる。「あの明るい子が」と新聞の見出しに出ることさえある。しかしその子の周囲では「今日のあいつの明るさは、何かおかしい」と誰も気がついていないのである。「どうもあいつの遊びは最近刹那《せつな》的だ」というような類《たぐい》のことを誰も気がついていないのである。

自殺する子供は、自殺についての情報を集めたり、死をテーマにした音楽に関心を持ったり、突然の振る舞いの変化があったり、いろいろとサインがあると言われる。これらはアメリカの自殺防止の本などに書かれているサインである。しかしそのサインを周囲の人は誰も感づいてくれなかったのである。

「そーねー、そーねー」といつも頷《うなず》いてくれる人はいたかもしれないが、「なぜ、こいつはこの頃、こんな話をするのだろうか？」と気がついてくれる人が周囲にいなかったということである。そのような関心を払ってくれる人がいなかったということであろう。

アメリカの大学のある心理学の教科書に、十代の自殺で重大なのは家族との関係、と書かれている。つまり自殺する子は、家族の誰からも関心を持たれていなかった、家族とのふれ合いがなかった、ということであろう。アメリカの十代の自殺者で、学業に問題のある人は一一パーセントしかいない。学校の成績はいい。問題は家族との関係である。

イライラする人の特徴は不信感の強さにある

ふれ合いのある家族の年寄りは、「入れ歯がねー」「この不況期だからねー」と話ができる。そしてそのとりとめのない話の中に満足を感じている。ふれ合っている人たちの間では、「この人といると得だわ」とか「この人に自分のいいところを見せよう」ということがない。

しかしふれ合いのない家族の父親は、家族から馬鹿にされまいと虚勢を張る。夫が給料の高さを自慢する。「わー、すごい」と家族の皆が言う。「家の改築でもするか」と夫が言う。「わー、すごい」と家族の皆が言う。このような夫は、こう言うことで、皆から賞賛を得て自分の幼児的願望を満たしているのである。つまり家族への関心がない。だから父親が高い給料で、改築されて立派な家の息子が自殺してもおかしくないのである。息子は家族とふれ合って、関心を持たれていないからである。ふれ合っている人がいれば多くの困難は乗り越えられる。

ふれ合いについてもう少し考えてみよう。赤ん坊とふれ合っている母と、赤ん坊とふれ合っていない母とでは、赤ん坊はどこが違うか。ふれ合っている母は、赤ん坊の泣き声で赤ん坊が何を求めているかわかる。赤ん坊がイライラして泣いている。ふれ合っている母は、「あー、おむつが濡れて泣いているな」とわかる。「あー、熱があるのかな」とわかる。そして額に手を当ててみる。「あー、歯が出てきてイライラしているな」とわかる。そこでおしゃぶりを渡してみる。これが母親の愛情である。しかしふれ合っていない母親は、「何で、泣くの?」と自分も一緒にイライラする。どちらの母親の元で育つかで、子供の心理的成長はまったく違ってくる。

ところで話を不機嫌に戻そう。不機嫌な人たちはふれ合っていない。これは何も親子ばかりではない。恋人、同僚、上司などの関係についても同じである。不機嫌は自分の感情を素直に相手に「言えない」という弱さが原因である。あるいは「言ってしまったら」関係が終わるという不安が原因である。その不安のもとをなしているのが、不信感である。相手を信じていれば相手に自分の気持ちを素直に言える。信じていれば「嫌い」なものを「嫌い！」と言える。「嫌い！」と言ったらこの関係が終わると思うから言えないのである。相手を信じていないから本音を言えない。

子供が一時、感情的になって「おかあちゃんなんか、嫌い！」と言いたい。そして「おかあちゃんなんか、嫌い！」と言ってしまえば、子供は不機嫌にならない。そう言える子供は幸せである。そう言っても自分と母親の関係は終わらないと信じているのだから。しかしそう言えない子供は不機嫌になる。嫌いなのに、嫌いと言えないで悶々《もんもん》としているからである。

つまり不機嫌な人の特徴は、周囲の人に対する不信感である。不愉快というのは誰もが経験する感情である。相手が自分の期待に反する行動をすることは必ずあるからである。しかしすべての人が不機嫌を経験するわけではない。

4　井村恒郎・木戸幸聖『異常心理学講座』第九巻「コミュニケーションの病理」、井村恒郎・懸田克躬・島崎俊樹・村上仁責任編集、みすず書房。

5 前掲書、二七三頁。

6 [Suicidal Prevention Center] の Lifesaver Program Manual による。

7 Kathleen Stassen Berger, "The Developing Person Through the Life Span", Worth Publishers, Inc., 1988, p. 385.

8 前掲書、三八五頁。

第3章

愛情に恵まれなかった人は不機嫌をもてあます

愛を知らない子供に特有の行動

ところで不機嫌とか、ボールビー博士の言う「愛着、不安、および怒りの間に見出される密接な関係」などということについても、もともとの関係はどういう関係であったかということを考えなければならない。今までの説明でもわかるように、そうした感情を経験する関係は、ふれ合っていない関係である。愛情のない関係である。愛のない関係のところで不機嫌は起こる。つまり「愛着、不安、および怒りの間に見出される密接な関係」は、ふれ合っていない人々について言える関係である。ふれ合って信じ合っている人々の間には、「愛着、不安、および怒りの間に見出される密接な関係」はない。

不機嫌もイライラも、もともとの関係が愛のない関係の中で生じたものであったに違いない。愛のない関係の中で生きている人の感情である。ある子供がおせんべいをぺちゃーっと汚らしくなめた。そしてそれを母親に渡した。子供は親の愛情を確かめたかったのである。親が自分を愛していないことを子供は心の底で知っている。

母親はオーッと吐きそうにしてそれを食べた。しかしその食べ方を見て、子供は自分が愛されていないことを感じる。それに対して母親のほうは、こんなにしてまで食べたのにと不愉快である。そして二人とも、親子でありながら本当のことが言えない。その結果二人ともイライラしている。

私はここで「愛着、不安、および怒りの間に見出される密接な関係」と、ボールビー博士の本の日本語訳をそのまま引用した。しかし私は、先にも述べた通り、「愛着」という言葉は不適切だと思う。「執着」という言葉のほうが適切だと思う。子供がぺちゃーっと汚らしくなめたおせんべいを母親に渡すのは、母親への愛着があるからではなく、母親へ執着しているからである。

愛着と執着は違う。たとえば愛着とは次のようなことではなかろうか。自分が、ある机に思い出がある。その机をいつまでも使いたい。離したくない。そのような時に、その机に「愛着」があると言うのではなかろうか。その机に「執着」があるとは言わない。

おぼれる子供がいる。子供が母親の手にしがみつく。しかし母親は自分の手をただ出している。手を出しているだけ。母親は「しっかり」と子供の手を握りしめていない。子供は母親の手にしがみつく。このような状態の時こそ、子供が母親に執着している状態である。

親のほうからしっかりと子供の手をつかめば子供は安心する。それがないから子供は母親の手にしがみつくのである。母親の手に執着するのである。このような関係の中では、子供は「いつも」母親が自分を愛しているかどうかを確かめなくてはならない。この確かめる気持ちが執着なのである。神経症型の人が「いつも」人から褒《ほ》められたいのは、これと同じ心理である。

だから反対感情併存に苦しむ人は、愛を知らない人である。ここでもう一つ大切なことは、母親に執着する子供は、実は母親が好きではないということである。

ボールビー博士の本に次のような例が出ている。[9] 子供が施設に来る時、愛玩具《あいがんぐ》を持ってくる。最初の三日間、彼らはそれをしっかりとつかんで離そうとしない。その後、変化する。彼らはそれにしがみつくこともあったが、それを投げ捨てることもあった。ある女児は、人形を口の周りに持っていったかと思うと、次の瞬間、「もういや！」と言ってそれを投げ捨てたという。

しがみつく気持ちも本当なら、怒って投げ捨てる気持ちも本当である。人形を口の周りに持ってくる気持ちも本当なら、「もういや！」と言ってそれを投げ捨てる気持ちも本当なのである。しかしこの二つの気持ちは矛盾する。その矛盾が激しくなって、耐えられなくなれば、愛憎併存できずに、子供は一方を抑圧しようとする。愛憎併存に苦しむのは、愛を信じられない子供である。

「マッチ売りの少女」が教える人生の真の喜び

しかしこの施設の話を読んだ時に私が思い出したのは、アンデルセンの有名な童話「マッチ売りの少女」[10]である。こちらは愛を信じている子供である。だから母親の履《は》いていた「スリッパ」に対して愛憎併存がない。

恐ろしく寒い大晦日《おおみそか》の暗い夜の道である。マッチ売りの少女はみすぼらしい身なりをして帽子もかぶらずに歩いていた。マッチを売ろうとするが、その日はマッチも売れない。マッチ売りの少女が雪に凍《こご》えている間に、家々には明かりがともり、ガチョウの焼き肉の美味《おい》しい匂いが道まで匂ってくる。マッチ売りの少女は空き地にうずくまったが、寒くなるばかりである。このまま家に帰ればお父さんに殴られる。マッチ売りの少女は寒くなって、売るためのマッチをすってしまう。途中の話を省《はぶ》くと、翌日凍え死んだ少女の死体が、空き地にあった。これがアンデルセンの有名な童話「マッチ売りの少女」である。

マッチ売りの少女は寒い夜に裸足で歩いていた。それに続く文章が次の文章である。

「それでも家を出た時は、スリッパをはいていたのです。けれども、そんなものが、なんの役にたつでしょう。それはとても大きなスリッパでした。おかあさんが、ついこのあいだまで、はいていたのですから、大きすぎたはずです」

この「マッチ売りの少女」は単にスリッパを履いているのではない、それによってお母さんと一緒にいる。この少女はスリッパを履くことで、お母さんと共にいるのである。スリッパはこの少女の夢であり、愛であり、そしてこのスリッパに対する感情こそが、「愛着」である。このスリッパに対する感情こそが、愛着という名前にふさわしい感情なのである。

このスリッパは、ボールビー博士の本の中に出てくる「子供が施設に来る時持ってくる愛玩具」となんと違うことだろう。「マッチ売りの少女」には反対感情併存という矛盾はない。「マッチ売りの少女」はスリッパを投げ捨てることはない。

反対感情に苦しめられる人は、大きな家で育ったかもしれないが、それは愛のない家だったのである。人はお金があっても、愛や夢がなければ生きていけない。

「マッチ売りの少女」には夢があった。ほのぼのとする夢があった。神経症者が抱く夢には「見返してやろう」という復讐《ふくしゅう》性がある。しかし「マッチ売りの少女」の夢はそんな夢ではない。夢を持って凍え死んだ「マッチ売りの少女」のほうが、豪華な夕食を食べて大晦日を過ごす神経症者の人々よりも幸せであったに違いない。

「とうとう、少女は一本ひきぬきました。シュッ！　と火花がちりました。なんとよく燃えること！　あたたかいあかるいほのおは、ちょうど小さいロウソクの火のようでした。少女はその上に手をかざしました。ほんとうにふしぎな光りでした。なんだか、ピカピカしたしんちゅうのふたと、しんちゅうの胴のついている大きな鉄のストーヴの前にすわっているような気がしました。火はあかあかと燃えています。そして、なんという気もちのよいあたたかさでしょう！」

火は人が心の底で求めているもの。いろりを囲むことで心がなごむ。キャンプファイアーの火を見つめながら仲間とのつながりを感じる。だからそれぞれの家に火が欲しい。

団欒《だんらん》には火がつきものである。スキヤキ、鍋物で皆が笑いながらそれをつつく。そこにはワインとフランスパンとは違った温かいものがある。暖炉を囲んで励《はげ》まされてみれば、辛くても「もう一回生きなおしてみよう」という気持ちになる。心がふれ合えば、人は生きていかれる。

何でも話せる人がいて、心のこもった食べ物があれば、困難は乗り越えられる。人間に大切なのは「これですよ」とアンデルセンは教えているのではなかろうか。

「あたらしいマッチをすりました。みるみるうちに、その壁がすきとおってヴェールのようになりました。そして、なかの部屋が見えてきました。そこには、かがやくばかりに白いテーブルかけをかけた食卓がありました。その上には上等のセトモノがならべてあります。そして、スモモやリンゴを、おなかにつめて焼いたガチョウが、ほかほかとおいしそうな湯気を立てているではありませんか。ところが、もっとすばらしいことには、そのガチョウがおさらからとびおりて、せなかにフォークとナイフをつきさしたまま、ゆかの上を、よたよたとあるきだしたことです。そして、まずしい少女のほうへまっすぐにやってくるのでした。そのとたんに、マッチの火が消えてしまいました」

人が死んでいく時に、思い描くのは食事と自分を愛してくれた人である。死ぬ時にそれを思い出せる人は幸せである。心尽くしの食事と、自分を愛してくれた人。これが人生の宝である。これが夢を追って生きていくエネルギーとなる。

マッチ売りの少女には自分をかわいがってくれた一人のおばあさんがいた。マッチをするとそのおばあさんが光の中に見えた。

ロウソクの火のように命は消える。夢さえあれば死なないで生きていかれる。しかし夢さえ持っていれば、その命の限り、人は生きていかれる。

「もう一本、マッチを壁にすりました。

そのあかるい光りのなかに、年をとったおばあさんが立っていました。おばあさんは、いかにもやさしく、幸福そうに、光りかがやいていました」

マッチ売りの少女はこのおばあさんから自分は愛されていることを知っている。このようなおばあさんがいるから、マッチ売りの少女は困難に耐えられる。人は愛されてこそ、困難に耐えられる。

マッチ売りの少女は今すったマッチの光が消えるとおばあさんが消えてしまうと

思って、自分の持っているマッチをみなすってしまう。マッチ売りの少女はこのおばあさんを失いたくなかった。だからすべてを賭けた。

人は「この人を失いたくない」と思ったら、自分の持っているものをすべて賭ける。母親は子供を守るために命を賭ける。そして子供を守る。そうして育った子供が、忍耐力のある大人に育っていく。

マッチ売りの少女はすべてのマッチをすって、おばあさんに、自分を連れて行ってくれと頼む。

「そう言って、大いそぎで、手に持っていたたばの、のこりのマッチをぜんぶすって、火をつけました。こうして、おばあさんをしっかりひきとめておこうとしました」

次の寒い朝、新年の陽が昇り、小さい亡骸《なきがら》を照らす。

「この子は、あたたまろうとしたんだね、と、人びとは言いました。

けれども、この少女が、どのような美しいものを見たか、また、どのような光りにつつまれて、おばあさんといっしょに、新年のよろこびをお祝いしにいったか、それを知ってる人はだれもいませんでした」

マッチ売りの少女は誰よりも幸せであったかもしれない。「それを知ってる人はだれもいませんでした」というアンデルセンの言葉こそ、現代人が心に留めておかなければならない言葉である。

愛されて育っていない人ほど不満が強くなる

私はラジオのテレフォン人生相談のパーソナリティーを始めて長くなるが、つくづくと感じるのは、現代の夫が家族に対して反対感情併存に苦しめられていることである。家で不機嫌な夫のなんと多いことか。

ところで、「マッチ売りの少女」から反対感情併存の直接のテーマに話を戻すと、嫉妬《しっと》の場合も同じである。人は嫉妬から怒り、怒ったことで、相手を失うのではないかと不安になり、相手の愛を確認したくなる。そして愛の再保証を求める。相手が自分を愛してくれていることを確かめたくなる。相手を好きだから、怒っても相手から離れていかれない。不安だから相手に絡《から》む。

人は嫉妬しながらも嫉妬している感情を素直に出さないことが多い。嫉妬の感情は隠される。隠されたからといって、嫉妬や独占欲の感情は解消されるわけではない。そこですねたり、相手を他のことでいじめたり、困らせたりする。それが「しつこい」ことである。不安から相手にしつこく絡む。怒り「anger」と不安「anxiety」は同じ語源である。

しかし人は心の底では自分の行動を知っている。絡んだりしながら、絡んでいる自分を心の底で知っている。そして困らせたり、いじめたりしたあとに、相手の自分に対する感情に不安になる。すると取り繕《つくろ》ったりするが、不安で仕方ない。相手がまだ自分を愛しているということを確かめようとする。

好きだから相手に対して要求が大きくなる。独占欲も出てくる。「こうしてほしい」という要求も大きくなる。そしてその要求は満たされない。そこで好きな人に不満を抱く。不満だから、好きな人を心の底で責める結果になる。

好きでなければ要求も大きくならない。好きでもない人が、浮気者でも何も感じない。好きでもない人に際限もなく優しさを求めない。だから好きでない人には、怒りを感じることもない。好きでないから要求もない、したがって相手は、自分の要求を満たさない人間とはならない。責める必要もない。好きになり、近くなり、恋するからこそ、相手に対する要求が大きくなってしまうのである。そしてその要求が満たされないから、相手を責めることになる。

精神分析家は愛と恐怖と憎悪の相互関係に長いこと関心を持ってきたという。「臨床活動において、情緒問題が強い占有欲、強い不安、および強い怒りの三種の感情すべての組み合わさった激情によって、愛着人物へ反応する傾向」[11]の患者がいるという。

ただここでも大切なことは、先に指摘したように、こうした反対感情併存に苦しめられる人はもともと、愛情のある環境の中では育ってこなかったということである。こうした人々は、現在もまた愛情のある関係の中では生きていない。人を信じられるようにはなっていない。

私は「好きになると、相手に対する要求が大きくなる」と書いた。その通りなのだが、どのくらい要求が大きくなるかは、人によって異なる。神経症的になればなるほど、相手に対する要求は大きくなる。

要求の大きさは愛情飢餓感と関係する。愛されて育っていなければいないほど、近い人に対する要求は大きくなる。したがって、愛されて育っていない人ほど、かかわった人に対して不満が大きくなる。恋人に対する不満はもちろんのこと、それ以外の同僚、上司、配偶者などに対する不満は大きくなる。

支配的な親に育てられた人は不幸な恋愛をする

「離別の反復的経験あるいは離別のおどしの経験に引き続いて、個人が、愛着人物に対して、激しい怒りと同時に強い不安性・占有的愛着行動を発達させ、しばしばその両方を愛着人物の安全に関するきわめて不安の強い関心と結びつけているのが普通である[12]」

占有性愛着行動は、別離の脅しなどが長く続けば続くほど、強度に身についてしまう。占有性愛着行動とは、自分へ注意を向けさせる行動であろう。人は不安なほど、この占有性愛着行動が強まるに違いない。

占有性愛着行動は、相手にとってはうるさい行動である。だから占有性愛着行動が強まれば嫌われるであろう。したがって不安な人は好かれよう好かれようと努力しながら、結果として嫌われてしまう。

そして何よりも恐ろしいのは、このようなことが子供時代の数年を通じて形成され、それが以後変化なく維持される場合が多いということである。体験から得た人間不信である。

つまりこのようにして冷たく支配的な親に育てられた子供が、大人になり愛情豊かな恋人に巡り会えたとしても、その人は恋人に怒りと不安と愛着をもって反応するということである。つまり恋人に素直な感情を持てなくなっている。

もしボールビー博士が指摘する通りであるとすれば、人間の愛情とは一体何であろうか。大人になってからの愛情などというものは、ほとんど力がないことになってしまう。そして残念ながら私はほとんどボールビー博士の指摘は正しいと思う。冷たく支配的な親に育てられた子供は、不幸と苦悩を宿命として背負わされているようなものである。

もちろんこれが絶対というのではない。「ほとんど」と書いたのはそのことである。愛情豊かな人との出会いと、本人の忍耐強い努力があれば別であろう。それには正しい知識と環境が必要である。現在の精神衛生の知識はそのレベルに達しつつあると私は思う。

神経症者とかかわった愛情豊かな人に、冷たく支配的な親に育てられることはそれくらいものすごいことだという認識がなければならない。愛情豊かな人が自分の愛情を過信するのでは相手を変えることはできない。

タタルキェヴィチはポーランドの哲学者で精神分析医ではないが、そこらへんのことは直感で理解しているようである。

「ラ・ブリュイエールはこう書いている。『某はその一生を気むずかしく、むしゃくしゃして、けちに、卑屈に、おとなしく、勤勉に、利益に抜け目なく送ったが、その生まれつきは元来陽気で、穏やかで、怠け者で、気前がよく、気位高く、あらゆる卑屈のきらいなたちであった。つまり生活上の必要、その置かれた境遇、必然の法則が天性をまげて、そこに前記のごとく大きな変化を引き起こしたのである。だからそういう人間は、その本心において、それ自体において、どういう人間であるとも定義することができない。彼の外部にあるあまりにも多くの事柄が、彼を変貌させ、変化させ、混乱させているからである。彼は決してそのある通りの者ではないからである。外から見た通りの者でもないからである』

したがって、人が人生のある時期に持っている特徴は、その人本来の特徴といつも同じわけではない。人生を取り巻くさまざまな状況が影響して、本来のものでない特徴が作られたかもしれない。しかし、そうした状況がなくなると、生まれながらの特徴が再び表面に浮かび上がってくる。したがって、生まれながらの特徴は、必ずしも人生のより早い時期に目立つとは限らない。しつけによって押し付けられた特徴を、年をとって初めてぬぐい去るというのも、よくあることだ。そのような変貌を遂げる前に死んでしまえば、その人の本来の素質は一度も表れずに終わったかもしれない。それに、他人だけでなく、自分でも、自分の本当の素質は、実はどんなものなのか、まったくわからないかもしれない」[13]

つまり人間とは冷たい支配的な親、欲求不満の塊のような親によってまったく別の人間に作り替えられてしまうということである。元来が陽気な人が、神経質で陰湿な人間にもなる。本人が「自分は根暗な人間だ」と思っているが、実はもともとの性質は陽気な人間であるということもある。

日本に多い「子供が親のおもりをする」家庭

親子の役割が逆転し、子供が親の愛情欲求やわがままをかなえてあげているような家庭、支配的な母親が息子を生きがいにする家庭、親の心理的な世話を子供がしている家庭、それらの家庭で起こっていることは本当に恐ろしいことなのである。子供は一生憎しみと愛着との反対感情併存に苦しむことになる。つまり誰とも心のふれ合えない人間になってしまう。そして大人になって自分の不機嫌を説明できなくて、いつも不愉快な気持ちに悩まされながら悲惨な人生を送る。はたから見ると幸せとしか見えないような人が、心の底で深く傷つき、深刻な不幸に悩まされているということはよくあることであろう。

恵まれていると思われる人の家庭が、重苦しい雰囲気におしひしがれているということもある。小さい頃の冷たい親の脅しの影響を生涯脱することができない人も多い。物質的には恵まれながらも、息詰まるような重苦しい雰囲気の家庭をその人自身も作ってしまう。

こうして冷たく支配的な親の影響は、親から子供へ、子供から孫へと受け継《つ》がれていってしまう。

愛着人物への敵意が生じるのは、欲求が阻止された時である。今まで述べたように別離の脅しなどはそれである。自分の愛情欲求が阻止された時に敵意が生じる。

そしてボールビー博士は、もう一つ親への強い怒りを発生させる別の種類の欲求阻止として、「親が子どもに自分の世話人として行動することを要求する場合」[14]をあげている。実はこれを読んだ時びっくりした。あまりにも私の育った家庭や、日本の事情にとって恐ろしい指摘だからである。

「分裂病者の幼少期が［甘え］を知らないか［甘え］を恐怖するのに対して、うつ病者の幼少期は［甘え］をよくないこととして断念している印象がある。いや、親をいたわり、［甘えさせる］子であることすら多い。そして周知のように、日本の親は（中略）結構子に［甘える］のである」[15]。親が子供を甘やかすのではなくて、子供が親を甘やかす。これこそまさに親子の役割逆転である。この時に親の冷たさが愛の仮面を被《かぶ》って登場する。子供を束縛し、子供に甘えているのに、自分を愛情豊かな親と錯覚する。

この論文とボールビー博士の説を合わせて考えれば、日本人が外国人に比べて、憂鬱な顔をして不機嫌であることがよく理解できる。そして日本の青年が他の国の青年に比べて、心を打ち明ける友人を持っていないということも理解できる。

経済成長をした日本は債権国となった。しかしお金を持っている日本人が陰湿な顔をして苦悩しているのに、債務国の人のほうは楽しくサンバなどを踊って時を過ごしている。生真面目で憂鬱で陰気な日本人と、楽しく時を過ごす南米の人との違いを生み出す一つの原因はこんなところにあるのであろう。

日本においては、子供が親のおもりをしていることがよくある。子供が親を喜ばそうとしているのだから、親が子供に甘えているのである。私なども小さい頃から父親が何を言えば喜ぶかをいつも考え、それを言い続けた。劣等感の激しい父親は有名な人や、権力のある人をけなすと喜んだ。そこで時を選んで私は力のある人や有名な人をけなした。また無力感に悩まされていた父親は感謝の言葉を求めていた。そこで私が大げさに父親に感謝すると、父親は喜んだ。私はいつもいつも父親に最大限の感謝の気持ちを強調していた。

私は今から考えて、よくもここまでと呆《あき》れるほど父親を甘やかした。私の父親に限らず情緒的に未成熟な親は、子供の自然の成長を待てないで、子供に自分を喜ばすことを求める。子供は心理的に分不相応に背伸びをする。そして自分を見失う。

そして大人になり、愛する人に敵意を向け、それを抑圧し、不安になり、憂鬱になり、やがていろいろな自分の不愉快な感情をもてあます。そして現在の重苦しく不愉快な感情の原因が、小さい頃の自分の行動にあったことには気がつかない。ただわけもなく不快な感情に苦しむ。

「しがみつく愛」しか知らない不幸

精神分析家が関心を持つという「愛と恐怖と憎悪の相互関係」という時の「愛」とは、私に言わせれば、「執着」である。本当の愛ではない。もし愛という言葉を使うなら、「歪《ゆが》んだ愛」というような言葉を使ったほうがいいだろう。

愛とは相手の幸せを願う気持ちを要素としている。第二次世界大戦の末期、日本はアメリカ軍の空爆に苦しんだ。都会の子供たちは親と離れて、集団で地方に疎開をさせられた。自分の子供を手放す時に、親は「この子が生きていてくれさえすればいい」と思った。この「生きていてくれさえすればいい」という気持ちこそ、愛の本質である。もちろん恋愛と親子の愛とは違う。しかしそのように相手の幸せを願う気持ちは、恐怖や憎悪と相互関係を持っていない。私は心理学や精神分析関係の本を読んでいる時に、時々言葉の使い方がとても気になる。

たとえばこのように愛ではないものを安易に愛と呼んでいることがよくある。神経症者が自分の感情を愛と呼ぶような感情を、心理学者が愛と言ってしまっている。愛を知らないから神経症になったのである。

だからボールビー博士の言葉は、「相手に対する執着と恐怖と憎悪は相互関係を持つ」と書いたほうが適切である。つまり自分が、それまで関係があった人を憎んだ時に、自分は今までその人を愛していたと思っていたが、決して愛してはいなかったのだと気がつくべきなのである。別離は、愛においては憎悪ではなく悲しみをもたらす。

「相手に対する執着と恐怖と憎悪は相互関係を持つ」が、「相手に対する愛は悲しみと相互関係を持つ」。愛する人々はお互いに相手が心の支えなのである。だから別離はその支えを失うことである。生きる気力を失うかもしれないが、憎悪は持たない。別離によってもたらされるものは、恐怖や憎悪ではなく悲哀である。

一人暮らしの侘《わび》しさ、二人暮らしの煩《わずら》わしさ

親しい人がいなければ寂しくて仕方がない。しかし人によっては「親しい人」ができ始めると、今度はその人といると不機嫌の感情に苦しめられる。ある八十歳を過ぎた神経症的高齢者の日記である。次のように書いてあった。「一人暮らしの侘しさ、二人暮らしの煩わしさ」。まさに八方塞《ふさ》がりである。

この人も本当の愛情を知らないで年をとってしまったのである。そして現在も人を信じられない。だから「一人暮らしの侘しさ、二人暮らしの煩わしさ」と書くようになる。愛を知っていれば、一人暮らしは侘しくなく、二人暮らしは幸せである。だから先に『親しい人』ができ始めると」と、カッコをつけたのである。親しいとは一緒にいて煩わしくはないということである。

「一人暮らしの侘しさ、二人暮らしの煩わしさ」と書いた老人は、愛や親しさを知らなかったのである。そして「一人暮らしの侘しさ、二人暮らしの煩わしさ」という言葉は、やがて神経症者のよく言う「誰も私のことをわかってくれない」という言葉になっていく。

温かい家庭に育った人にはこの重苦しい苦しみはわからない。「誰も私のことをわかってくれない」という、本人すら自分のやりきれない不愉快な感情がどうして自分の中に生じるのかわかっていない。

「われわれの感情と行動の性質や起源が、他人にとっても自分にとっても同様に、しばしば非常にあいまいであるのは、上にのべたような複雑さのためである[16]」。「上にのべたような」というのは愛着人物に対する敵意と不安などである。現在の自分の感情が現在の事態から生じているのではないという指摘は大切である。

　動物でも恐れながら攻撃行動をするという。退行行動と攻撃行動が同時に起きることもあるという。新奇の刺激事態が現われると、興味を抱いて接近することと、驚いて退行することが同時に見られたりするという。攻撃、脅し、逃走をひとまとめにして比較動物学者は「苦悩行動[17]」と言ったりする時があるとボールビー博士は言う[18]。

「一人暮らしの侘しさ、二人暮らしの煩わしさ」と書いた老人の行動が、まさに苦悩行動である。そして苦悩行動は人を消耗させる。生産的でないことを考えていたり、生産的でない行動をしていると人は疲れる。どうでもいいことが人を疲れさせるのである。どうでもいいことを悩んでいる時に人は疲れる。

　この悩める高齢者も、苦悩行動で、自分がどうしていいかわからなくなったのである。苦しくて、どう生きていいかわからなくなって、この人は日記の最後のほうに「助けてくれ！」と書いている。

最後に「助けてくれ！」と叫ぶ人が理解していなかったのが、「マッチ売りの少女」の幸せである。「マッチ売りの少女」の幸せを理解していれば、人は生き方を間違えない。

先に引用した「マッチ売りの少女」の最後の言葉こそ、アンデルセンが私たちに愛を教えている言葉なのである。

「この子は、あたたまろうとしたんだね、と、人びとは言いました。けれども、この少女が、どのような美しいものを見たか、また、どのような光りにつつまれて、おばあさんといっしょに、新年のよろこびをお祝いしにいったか、それを知ってる人はだれもいませんでした」

もしこの高齢者が凍え死んでいった「マッチ売りの少女」の幸せを理解していれば、人生の最後で「一人暮らしの侘しさ、二人暮らしの煩わしさ」と書かなくてもすんだのである。そして行き詰まって「助けてくれ！」と叫ばなくてもよかったのである。

しかもこの高齢者は周囲の人に直接に「助けてくれ！」と言えなかった。日記に「助けてくれ！」と書かなければならないことに、この高齢者の悲劇があった。つまりそこまで周囲の人々に虚勢を張っていた。そこまで反対感情に苦しめられたということでもある。「助けてくれ！」と助けを求める人に対して憎しみを持っている。だから「助けてくれ！」と言えない。

「助けてくれ！」と頼めばいい人に対して敵意を持っているから、「助けてくれ！」と頼めない。弱みを出したくないから「助けてくれ！」と頼めない。相手を憎んでいるから、助けられるという弱い立場に立ちたくないのである。これは死んでも相手に対して虚勢を張っていなければならない悲劇である。

これは辛い。これでは本当に苦しむことになる。この虚勢があると、苦しいけど苦しいと言えないのである。苦しくても「苦しい！」と言える人がいれば人は救われる。

「誰も私のことをわかってくれない」ということは、「誰か私の苦しみをわかってくれ」という叫びなのである。この高齢者も「誰か私の苦しみをわかってくれ」と、周囲の近い人に訴えているのである。

「うつ病者と雰囲気」[19]という論文がある。それを読むと鬱病者が好調になる雰囲気というのがある。その一つが「自己が理解されていると感じられる時」である。これからもわかるように、心を病《や》んだ人たちは切実に自分たちの苦しみに対して理解を求めているのである。そして理解されれば楽になる。

しかしこの訴えは周囲の人にはなかなか理解できない。ことに心理的に健康な人には想像もできない複雑な心理過程である。何でそんなことで傷つくのか、好きなのに何で敵意を持つのか、何でそれを表現できないのか、それらが心理的に健康な人には理解できないのである。

しかし傷つき苦しみ悶《もだ》えている側からすれば、この心理的に健康な人の無理解は悔しい。まるで、泳げない人間が、何で泳げないのだと泳げる人間に質問されているような悔しさなのである。したがって傷つき苦しみ悶えている側からすれば、強い人たちは自分たちだけいい気になりやがって、という憎しみをかき立てられる。

9 John Bowlby, "Attachment And Loss"『母子関係の理論』二巻「分離不安」黒田実郎・岡田洋子・吉田恒子訳、岩崎学術出版社、一一一頁。

10 『完訳アンデルセン童話集2』高橋健二訳、小学館、一九八六年。

11 John Bowlby, "Attachment And Loss"『母子関係の理論』二巻「分離不安」黒田実郎・岡田洋子・吉田恒子訳、岩崎学術出版社、二八二頁。

12 前掲書、二八五頁。

13 W. Tatarkiewicz, "Analysis of Happiness"『こう考えると生きることが嬉しくなる』加藤諦三訳、三笠書房、一九九一年、一五九頁—一六〇頁。

14　John Bowlby, "Attachment And Loss"『母子関係の理論』二巻「分離不安」黒田実郎・岡田洋子・吉田恒子訳、岩崎学術出版社、一八五頁。
15　『躁うつ病の精神病理』一巻、笠原嘉編、「再建の倫理としての勤勉と工夫」中井久夫、弘文堂、一一八頁。
16　John Bowlby, "Attachment And Loss"『母子関係の理論』二巻「分離不安」黒田実郎・岡田洋子・吉田恒子訳、岩崎学術出版社、一八五頁。
17　agonistic behaviour
18　前掲書、一五〇頁。
19　『躁うつ病の精神病理』三巻、飯田真編、「うつ病者と雰囲気」大森健一、弘文堂。

第4章

家庭内暴力は愛情欲求のSOS

なぜ息子の暴力に立ち向かわないのか

抑圧とは、自分に対して心を閉ざすことである。したがって他人に対しても心を閉ざしてしまう。しかしそうした人は、誰よりも心のふれ合いを求めている。自殺する人がそうである。十代の自殺について解説したアメリカのある心理学の教科書[20]に、十代の自殺について、次のように述べられていた。自殺する十代の人たちは、普通の十代の人たちよりも、孤独であるが、愛情を必要としている。つまり彼らは、普通の人よりも親しい人間関係がないが、普通の人よりも親しい人間関係を求めているということである。

心に問題を抱えていればいるほど、優しさがほしい。しかし心に問題を抱えていればいるほど、優しい人までも退《しりぞ》けてしまう。

愛着人物に対して敵意を抱くことで、その人は愛着人物に対して心を閉ざす。自分一人の世界に閉じこもる人も出てくる。この傾向が大人になっても続いていく。そして愛することができない人間、心を開くことのない人間になっていく。

まさに心のふれ合いを失った人間になる。人間が「もう私はどうにもできない、これ以上生きてはいけない」と感じるほど追い詰められるのは、愛着人物に敵意を持つからである。嫌いな人に敵意を持ってもどうということはない。八方塞《ふさ》がりになるのは、愛着人物に素直な感情を持てなくなるからである。

家庭内暴力も同じことである。なぜこのような家庭内の暴力の形態になるのであろうか。家庭内暴力については、よく「いつまでもしつこくくどくど責め苛《さいな》むし、母親を寝かせようとしない」というような説明がなされる。それはこのように責めることの裏で愛情を求めているからである。子供は母親を必要としているのである。しかし素直な形で愛情を求められない。

家庭内暴力は愛着人物に対する抑圧された敵意が表面化したものである。憎しみの対象に対する暴力ではない。もともとは愛着人物に対する暴力である。そこで家庭内暴力はいわゆる単純な暴力とは異なった性質を持ってくる。子供は母親に一緒にいてもらいたい。しかし母親のすることがいちいち気に入らない。

おそらく今まで甘えを良くないこととして排斥してきたなかで、愛情飢餓感に苦しんでいるからであろう。そしてもちろん敵意の抑圧もある。敵意を持ちながらも、愛情を求めているから、このようにしつこく相手を責め苛むのである。

また他方で自分を認めてくれという要求でもある。自分は決して駄目な人間ではないのだと信じたい。しかし心の底では、自分は駄目な人間であるという感じ方がこびりついている。

妻を信じたいと願いつつ、信じられない夫が妻に暴力を振るう小説があるが、その夫の心理と同じである。妻に問題があるのではなく、夫の心理に問題がある。「自分をこんな人間にした責任をどうとるのだ」と暴力を振るう子供は、自分を優れた人間であると信じたい。栄光化された自分のイメージにしがみついている。しかし、しがみつきながら心の底で自分を信じられない。親に、自分をこんなにした責任をどうとるのだと暴力を振るいながら、もともと自分はこんな人間ではなかったということを自分に信じさせようとしている。しかし、どうしてもそれが信じられない。

このように、「もう、どう生きていいかわからない」という叫びが家庭内暴力である。だから家庭内暴力は、ある面では「この俺をどうにかしてくれ」という叫びである。先の神経症的高齢者の「助けてくれ！」という叫びが家庭内暴力である。この高齢者も若い頃、自分の家のガラス窓を叩《たた》き割ったりして暴力を振るっていた。

この叫びを理解しないで、母親は「自分をこんな人間にした責任をどうとるのだ」という子供の言葉に応《こた》えようとすることが多い。子供を家庭内暴力にさせる母親だけに、子供の心を理解していない。子供の言葉をそのまま真に受ける。この言葉で子供は何を意味しているのかという、子供の心を見ようとしない。もし言葉ではなく、子供の心を見れば、子供の心が理解できるに違いない。

さらに家庭内暴力の場合、母親は子供の暴力に立ち向かわない。子供の暴力に任せる。自分の腕を折られるまで暴力に身を任せる母親もいるという。なぜわが子の暴力に立ち向かわないのか。

私の理解は次のようである。母親は子供を本当には愛していなかったということを心の底では知っている。その心の奥底のやましさが、息子の暴力に立ち向かわせないのである。

自分が優れた人間でなければ気がすまない

いずれにしても家庭内暴力の子供は、「自分は優れた人間である」と信じられるまで親をしつこく責めるのではなかろうか。つまり家庭内暴力の子供の叫びは、「俺を認めてくれ！」ということでもある。そう心の中で叫んで暴れているのではないか。「俺は、そんなダメな人間ではない！」、そう思わせてくれ、という叫びでもあろう。そういう意味では彼らの暴力は、自分を守るための暴力である。

「俺は有能な人間だ、俺は立派な人間だ」、そう思えれば、つまり難しく言うと、その栄光化された自己のイメージを実現できるなら、彼の心の葛藤は解決できると彼は信じている。つまり自分は素晴らしく有能な人間だと思えれば、今の自分の悩みは解決できると彼は思っている。彼がしつこく親を責め苛むのは、その自己栄光化による心の葛藤の解決に固執するからである。易《やさ》しく言えば、親を中心にして、人々から尊敬されることで、自分の悩みを解決することに固執する。自分が「素晴らしく優れた人間である」と信じることで、悩みを解決しようとする。それ以外に彼には自分の心の葛藤を解決する手段が見つからない。つまり彼は、自分の生き方を変えようとはしない。自分の価値観を変えようとはしない。そういうことで悩みを解決しようとはしない。

彼がもし自分を自由にすることができれば、彼は他人をも自由にできる。つまり他人を束縛したり干渉したりしない。彼は母親を心理的に必要としている。だから母親を束縛せずにはいられないのである。人は自分が自立する程度に応じて相手を自由にできる。いつまでもしつこく相手を責め苛むのは、それだけ相手に心理的に依存しているということである。相手に認めてもらいたいからである。母親に認めてもらいたくなければ、母親にしつこく絡《から》まない。母親がいないと寂しいくせに、母親がいると腹が立つ。

またもし自分に絶望していなければ、彼は自分のできることをする。そうすることの中で相手から少しずつ離れてもいかれる。しかし彼は、おそらく神経症的自尊心が強くて、実際に自分ができることをするのは、彼の神経症的自尊心がそれをすることを許さないのであろう。彼は自分が優れた人間でなければ気がすまない。だからすることが見つからないのである。彼は実際の自分を許せない。

彼は、自分にとって重要な他者の期待をかなえることによって、不安を回避しようとしてきた。彼が良い子であったのは、不安に対する防衛として良い子を演じてきたということである。彼の性格は確かに良好な適応を示していた。しかしそれは不安に対する防衛的性格であった。

彼はまず不安であった。その不安に対してどう対処するかという時に、他人に気に入られることによってその不安に対処しようとした。そして他人の期待をかなえられている間は、彼のその防衛は成功していた。

しかし自分にとって重要な他者の期待をかなえることができなくなった時に、彼の対処の仕方は挫折する。そこで心理的に親から離乳できていれば、親から離れていく。

しかし家庭内暴力を起こす子供は、心理的離乳を遂げられていない。そこであくまでも親に承認されることを求める。「俺を認めてくれ！」と叫び続ける。親の責任をしつこく追及するのは、それによって親の承認を求めているということである。親に認めてもらいたいのである。

ここで大切なのは、「親が好き」ということと、「親に好かれたい」ということは、まったく違う心理であるということである。「私はあの人が好きだ」という心理・生き方と「私はあの人に好かれたい」という心理・生き方は、まったく違う。

「私はあの人が好きだ」という心理は、健康である。その生き方は安定していて、力強い。「私はあの人に好かれたい」という心理は自立していなくて、その生き方は不安定で弱い。いつも怯《おび》えている。神経症者というのはもちろん後者である。

父親が暴力の対象にならないのはなぜか

また家庭内暴力を起こす人は、どんなに親を責めても親に対する恐怖が消えないのではなかろうか。親に認めてもらわなければ生きていけないのだから、親は怖い。世間から尊敬されることが嬉しい人は、世間を恐れる。人は恐怖の対象から逃げることもあるが、逆にしがみつくこともある。心理的に健康な人には、恐怖の対象にしがみつくという心理は理解しにくいであろう。しかしそれは本当なのである。

「愛着行動と退行行動の葛藤には、ひとつの特別な事態がある。それは愛着対象そのものが、脅威あるいは暴力を誘発する対象であるという場合である」[21]。これはまさに家庭内暴力の説明そのものである。愛着の対象そのものが暴力を誘発するというのである。母親は愛着の対象なのである。その愛着の対象であるがゆえに、暴力を誘いだす。

ただ何度も言うように、私は母親は「愛着の対象」ではなく、「執着の対象」という言い方のほうが正しいと思っている。したがってここで使われている「愛着」という言葉は、翻訳からそのままとっているので、「執着」と読み替えて読んでほしい。

家庭内暴力において父親が暴力の対象にならないのは、ここに原因がある。息子にとって父親は愛着の対象になっていないのである。つまり執着の対象になっていない。父親が肉体的に母親より強いから父親に暴力を振るわないのではない。父親は愛着の対象にも、恐怖の対象にもなっていないのである。父親はゼロなのである。息子は父親に認めてもらいたいのではなく、母親に認めてもらいたいのである。

よく家庭内暴力の家庭の特徴として、母親が支配的で、父親の存在感がないということが言われる。それは今までの説明で理解されるであろう。存在感があれば、それは愛着の対象なり、恐怖の対象なりになる。

ところで、ここで一つ重要なことがある。「なぜ母親が恐怖の対象になるか？」という問題である。どの本も恐怖の対象になるという事実の説明までで、「なぜ？」という説明はされていない。

もちろんないわけではない。たとえばフロムの説明である。「母親に対する近親相姦的きずなは、母親の愛と保護を希求するばかりでなく、母をおそれる気持ちを意味していることが多い。この恐れは何よりもまず、力と独立性についてのその人独自の意味を弱化する依存性そのものの結果である。それはまた深い退行にさいしてあらわれる性向そのもののもつ恐れ、即《すなわ》ち、乳呑児《ちのみご》になることや、母親の子宮へ引き返すことへの恐れでもありうる。これらの恐れそのものが、母親を危険な人喰《ひとくい》人種や、一切を破壊してやまない怪物に変貌させるのである」[22]。ただこの説明でいくと、どの母親も恐れの対象になりかねない。

私は子供が母親を恐れるのには、二つの原因があると思う。一つは、母親は自分の存在を脅《おびや》かす。「オッパイをあげないわよ！」というサインを出されれば、子供は怯える。この時に子供が母親を信じていれば、脅威ではない。

別の点から考えてみよう。足腰が立たなくて、体も弱った高齢者である。身寄りがいない。そして税理士に自分の財産の管理をすべてまかせている。税理士を信じていれば、この高齢者は気楽なものである。しかし信じていなければ、この税理士は脅威である。

神経症者が愛を得るための四つの方法

子供が母親を恐れるもう一つの原因は、母親の側の子供に対する神経症的愛情要求があるからではないかと思っている。カレン・ホルナイによると、神経症者が愛情を得るための方法は四つあるという。

一つは賄賂《わいろ》を渡すことである。つまり「私はこれだけあなたを愛しています、だからあなたは私を愛すべきです」というものである。そして、あなたは私を愛するためにすべてを諦めなければなりません、となる。神経症者はここまで要求する。初めの愛が、賄賂の役割を果たしている。

普通なら「私はあなたを愛しているわ、あなたを好きよ、お願い、あなたも私を愛して、私を好きになって」という願いであろう。ところがナルシシストになれば、「私はあなたを愛しているわ、あなたを好きよ、だからあなたは私を愛しているわよね、私を好きよね」という酷《ひど》く自己中心的な発想になる。そしてさらに神経症者になると、「私はあなたを愛しているわ、あなたを好きよ、そうよね、で、あなたは私を愛しているわよね」となる。心の底では「それでなければおかしいわよね」という、自己中心的な押しつけがましい病的な規範意識である。

支配的な母親の愛情がこれである。あるいは貢《みつ》ぐタイプの女の愛がこれである。ここにおいては、愛する側が愛を強調することで相手を束縛しようとしている。

このように愛された子供が母親を恐れるのは自然ではなかろうか。愛される見返りとして自分を犠牲にすることを求められているのである。自律性が犠牲にされる。がんじがらめに束縛される。その母親の神経症的迫力に子供が恐れをなすのが自然である。

神経症的迫力とは、ノイローゼの女が逃げようとする恋人に迫る迫力を想像してもらえれば理解できるであろう。これは子供でなくても普通の大人でも怖くなる。

カレン・ホルナイが言う神経症者が愛情を得るための第二の方法は、惨《みじ》めさを強調して愛を求める、である。私はこんなに苦しんでいます。私はこんなに惨めですと強調する。これは恋愛その他においても使われるが、親子においても使われる。「お父さんは家庭を大切にしない」などの母親の嘆《なげ》きである。

神経症者が愛情を得るための第三番目の方法は、正義に訴える。私はこんなにあなたのためにしている、だからあなたは私に何をしてくれるのか。母親が子供に対する時、母親を愛することの倫理を強調する。相手が自分の思うように動かないと、相手を利己主義と批判する。

神経症者が愛情を得るための第四番目の方法は、脅《おど》しである。「愛してくれないなら自殺するわ」という神経症的恋愛によくある脅しである。

いずれにしても、これらの方法で神経症者である母親が子供に愛を求めたら、子供は母を恐れるであろう。心理的に健康な母親を子供は恐れないのである。そしてそのような家庭では、家庭内暴力も起きる可能性は少ないのである。

母親は子供にとって愛着の対象である。しかし神経症的母親は子供の暴力を誘発する。もちろん父親も同じである。父親が支配的で神経症者で子供にしつこく愛情を求めれば、悪い意味で存在感のある父親になる。そして父親は暴力の対象になるであろう。存在感のない父親は暴力の対象にはならない。

そしてこのように神経症者の愛情要求というものを媒介にして考えると、ボールビー博士のもう一つの重大な指摘も理解できる。

人は天国を求めながら地獄にしがみつく

ボールビー博士の愛と脅威の対象についてのもう一つの重大な指摘とは、「人類やほかの動物の子どもは、その対象から逃避するよりも、その脅威の対象にしがみつく傾向がある[23]」。

この重大な指摘によって、家庭内暴力と登校拒否が結びついてくる。登校拒否は、学校に行くのが怖いという面よりも、家を離れられないという面が強い。ここに注意をするのが大切である。登校拒否になる子供は、家を離れられないのである。

なぜ家を離れられないか？　それは家が脅威に満ちているからである。家が自分の存在を脅かすからである。家が心理的な牢獄だからである。家が嫌なところだからである。家が地獄だからである。

母親が嫌いだけれども、母親の愛が欲しい。こうした時に母親にしがみつく。好きな人なら飛びつく。たとえば「この魚はまずいけれども、健康にいい」とする。その時にその魚を食べる心理である。好きな食べ物なら飛びつく。「しがみつく」という心理は「飛びつく」心理とはまったく違う。

家が自分を脅かす場所だから家を離れる、という発想は心理的に健康な人の発想であり、心理的に健康な人の行動である。心理的に病むと、そのようには行動できない。逆になってしまう。まさにボールビー博士が指摘するように、その脅威の対象にしがみつくのである。

もちろん神経症的親のほうは、子供が家を離れないことを、子供が家を好きだからと解釈する。そして子供も親を恐れているから、親の期待に沿った「感情」を持つ。つまり家がいい。

彼は実際は家が嫌でも、そう思うことは恐ろしくてできない。そう思うことは家族を裏切る後ろめたさがある。その家への嫌悪感は心の底へと押しやられる、無意識の領域へ追いやられる。そして彼は家が嫌いなのだけれども「好き」と思い込む。つまりここでは、すでにその人は自然な自分の感情を持っていない。親の期待する感情を持つロボットになっている。相手の指示する感情を持つようになる。「怖い！」と感じても「怖い！」と言ってはいけない。自分の感じたことは悪いことなのである。

実は、自立できていないのは親のほうなのである。自立していない親の気持ちを子供は知っている。その期待に応える。滅私奉公である。自分を亡《な》くして親に奉公しているのである。

おそらく登校拒否になる子供は、優しい子供なのである。親の気持ちを知っている。それを裏切れない。自分が「家が嫌だ」と思ったら、親が寂しがるのではないかと知っている。「家族団欒《だんらん》はいいこと」という規範意識なのである。しかしそれは形だけの「家族団欒」である。親が満足するための「家族団欒」であって、子供が自由に自分の言いたいことを言える「家族団欒」ではない。心がふれ合う「家族団欒」ではなく、親が子供に恩を売るための「家族団欒」である。

私自身もこの「家族団欒」の家で育った。いつもいつも「家族団欒」であった。しかし私はその「家族団欒」に怯えていた。いつも親の気に入ることを言わなければならなかったからである。親の気に入ることを言わなければ「家族団欒」が一転して責め地獄に変わった。

登校拒否になるような子供にとって、家は「嫌いになってはいけないところ」なのである。「好きでなければいけないところ」なのである。心理的に健康な人は、「嫌い」なところは、嫌いであり、好きなところは好きである。登校拒否になる子供は、学校も嫌だけど、家も嫌なのである。そして嫌な家に執着している。

これは人間の悲劇である。心理的に病んでくると、人は嫌悪の対象、脅威の対象にしがみついて離れない。人は天国を求めながら地獄にしがみつく。あらゆる犠牲をはらっても地獄にしがみつく。人が地獄や不幸にしがみつくエネルギーにはすさまじいものがある。本当に死に物狂《ものぐる》いで地獄や不幸にしがみつく。いくらでも幸せになれるのに、顔面蒼白になって不幸にしがみついている人のなんと多いことか。

私はこの三十年間本を書き続けてきた。そしていろいろな人の相談も受けた。手紙も無数と言っていいほどもらった。大学で学生担当教務主任という役職もした。ラジオのテレフォン人生相談も長くしている。

そんななかで、人が不幸にしがみつくすさまじいまでのエネルギーと姿勢に、つくづく驚いている。不幸でなければ死んだほうがいいとさえ感じられる姿勢である。もちろん本人は「幸せになりたい」と口では言う。そしてその願いは嘘ではない。しかし不幸のほうが安全なのである。だから不幸から抜け出てこない。「幸せになりたい」という言葉の意味は、「今の状態から抜け出したい」ということである。もともと彼らは幸せを知らない。

配偶者や友人や恋人を始め、周囲の心理的に健康な人が不幸な人を幸せにしてあげようと誠意のある努力をしながらも、最後に諦めてしまうのはこのためである。

先に心理的に健康な人の心理的弱者への無理解を書きながら、最後に心理的弱者自身の努力の必要性を説いたのはこのためである。

悩んでいる人に対して、表面上は温かいことを言う偽善者が世の中にはたくさんいる。偽善者と言っては言い過ぎかもしれない。「わかっていない人」と言ったほうがいいかもしれない。何をわかっていないかと言うと、この悩んでいる人の「地獄や不幸にしがみつくエネルギーのすさまじさ」である。

深刻に悩んでいる人を救うなどということは、ちょっとやそっとのことでできるものではない。それを一生の仕事としている専門のカウンセラーでさえ、時には悲鳴を上げる。

反対感情併存というのは、人の幸せを考える時に極めて重要な心理的問題なのである。無関心の人に対してなら寛大にもなれる。好きでもない人なら、その人が何をしようとあまり腹も立たない。素直に好きな人となら一緒にいて楽しくて仕方ない。憎しみだけの人なら攻撃していればすっきりする。

しつこく妻を責める夫は家庭内暴力の変形とも言える

深刻に悩んでいる人は、家庭内暴力の人と本質的に同じところがある。だから皆しつこくなる。不機嫌な夫が妻にしつこく絡むのも、家庭内暴力である。妻が母親で、夫が暴力を振るう子供である。母親に暴力を振るう子供と同じように妻を責める裏で、妻から愛情を求めている。夫は寂しいから妻に要求が大きくなる。

要求という言葉がきついが、夫は優しさを求めているのである。愛情に満たされていないから、優しさを求めている。しかし愛されて育っていないから、優しさの求め方がわからない。そして妻の声の調子一つで怒ってしまう。神経症者は、際限もなく優しさを求めている。声の調子一つにまで優しさを求める。そこに自分が求めている優しさがないと、相手に不満を感じ、それが言えなくて不機嫌になり、自分の存在全体で相手を責める。心理的に健康な人の不満は、主に自分の目的が達成されなかった時に感じるものである。しかし神経症的な人の不満は、主に自分のことが期待したように相手に受け入れられなかった時である。

たとえばスキーの好きな人がいる。心理的に健康な人なら、その不満はスキーに行けなかったという不満である。スキーができないという不満である。しかし神経症的な人の不満は、自分がスキーに行けるように皆がしてくれないという不満である。

飴《あめ》の好きな子供がいる。「飴を買って！」と母親に言うとする。母親は買ってくれなかった。心理的に健康な子供なら、飴が食べられないという不満が第一である。そして飴が食べられない悔しさで泣く。

そこで母親は飴を食べさせない理由を明確に説明できる。たとえば「食事前だから」「甘いものをとりすぎているから」。それを通して子供に我慢することを教えることができる。躾《しつけ》ができる。子供も感情にしこりを残さない。

しかし神経症的な子供の場合には、飴を買ってくれないという母親の態度が不満の最大の原因である。買ってくれないということを、母親は自分を嫌いなのだと受け取る。愛していないと受け取る。したがってこの不満は、母親への敵意と結び付いていく。さらに愛しているという保証を得ようとまた焦る。そこに複雑な心理的葛藤が始まる。

神経症的な子供の場合には、飴を買ってくれという要求を母親が飲むか飲まないかが最大の問題である。飴が食べられるか食べられないかは二の次である。

家庭内暴力の子供が寂しいように、妻をしつこく叱責《しっせき》する不機嫌な夫も寂しいのである。寂しいから妻に絡んでいるのである。家庭内暴力の子供が傷ついているように、妻をしつこく叱責する不機嫌な夫も心が傷ついている。「叱責する」といってても、自分の不満をストレートに表現するのではない。それができれば不機嫌にはならない。

他のことを持ち出して妻を叱責するのである。正義に訴える、倫理に訴える、世間の常識に訴える、そうした責め方である。「おまえは世間知らずだ」と言って責めるような責め方である。相手を責めているというよりも、自分の怒りを正当化していると言ったほうがいいかもしれない。自分の怒りのすり替えである。

第三者から見ると、何でそんなに責める態度に出るのだと不思議に思える。しかし妻を責めている夫は、自分の不安感を打ち消そうと必死なのである。心の底で感じていることは「どうしてそんな怖い態度をとるのだ、俺のことを嫌いなのか、そんなことないよな」といった弱々しいものである。要するに、「何でそんな態度なのだ」ということである。だから責めているといっても、その姿勢は受け身である。今まで夫は、誰も自分を守ってくれない、と感じて生きてきているのである。相手を責めているのは、自分を守るエネルギーである。

不機嫌な夫は、黙っていても、心の中で妻を責めている。暴力は振るわないが、家庭内暴力の子供と同じである。黙っていても、心の中で妻を責めている。心の中は家庭内暴力の子供と同じである。黙って…

不機嫌な夫は、黙っていても、心の中は家庭内暴力の子供と同じである。黙っていても、心の中で妻を責めている。暴力は振るわないが、家庭内暴力の子供が母親をしつこく責めるのと同じように、しつこく妻を責めている。自分が求めている優しさが得られないので、妻を責めている。妻は飽《あ》くなき優しさの求めに疲れてしまう。これは上司と部下の間でも起きる。部下の飽くなき優しさの求めに上司が疲れてしまう。部下も上司に不満である。

そして多くの場合、上司は部下の神経症的傾向を理解していない。それが理解できていないから消耗してしまうのである。部下も上司もお互いに理解していない、と言ったほうがいいかもしれない。相手を恐れている神経症的な人は、相手を理解していない。相手が自分を嫌うことばかり恐れているが、相手がどういう人かを理解していない。

心理的に健康な人が「相手を恐れている」という時には、相手が自分に危害を加える可能性がある時である。自分より強い人と対立してしまった時である。「相手を恐れている」といっても、心理的に健康な人と神経症的な人とでは内容はまったく違う。

神経症的な人は、いったん不満を持つとその不満の感情の処理の仕方を知らない。心理的に健康な人なら、上司とトラブルを起こしても、同僚と上司の悪口を言って感情を処理したり、そのまま上司に言ったり、お酒を飲んで憂《う》さを晴らしたりする。これが神経症的な人にはできない。そこで感情が鬱積《うっせき》する。

20　Kathleen Stassen Berger, "The Developing Person Through the Life Span", Worth Publishers, Inc., 1988, p. 384.
21　John Bowlby, "Attachment And Loss"『母子関係の理論』二巻「分離不安」黒田実郎・岡田洋子・吉田恒子訳、岩崎学術出版社、一〇一頁。
22　Erich Fromm, "The Heart of Man"『悪について』鈴木重吉訳、紀伊國屋書店、一九六五年、一三〇頁。

23 John Bowlby, "Attachment And Loss"『母子関係の理論』二巻「分離不安」黒田実郎・岡田洋子・吉田恒子訳、岩崎学術出版社、一〇一頁。

第5章

意味もなく相手を恐れてしまう心理

相手の好意を感じる能力が破壊されている

相手にあまりに多くを要求する人は、自分の要求がわかっていない。さらに相手にあまりに多くを要求する人は、相手の真意を誤解してしまう。嫌われるのではないかという恐れが、相手の真意を誤解させる。ウエインバーグが、抑圧は相手が自分に何を期待しているかを誤解させる、と言っている。このことは、嫌われるのではないかという恐れを媒介にして考えるとよく理解できる。相手を恐れている人とは、相手から好かれることが必要な人という意味である。相手に際限もなく好意を求めている人である。生きていくのに相手の優しい目つきが必要な人である。

ところが嫌われるのではないかと恐れている人は、相手の好意を感じる能力が破壊されている。破壊されているという言葉が極端すぎるとすれば、損傷を受けていると言ってもいい。相手を恐れているから、いつもびくびくしている。自分の求めているものを相手が与えてくれるかどうか、いつもびくびくしている。自分に好意を持っているかどうか、相手の顔色を窺《うかが》っている。

だから相手の何気ない言動を自分に対する批判と受け取りがちである。相手に気に入られることが重要であればあるほど、相手の些細《ささい》な言動まで自分に対する批判ではないかと受け取ってしまうのである。それが相手に対する恐れである。相手に対する恐れとは、正確には相手の悪意に対する恐れである。自分が求めている優しさが得られないのではないかという恐れである。

相手にあまりにも求めているから、求めているものが得られないと、相手が自分を責めていないのに責められていると思ってしまう。相手の目の動き一つで、自分を責めていると思い込んだりする。おそらく自責の念があるから、ここまで人を誤解するのであろう。

相手に対する恐れを持つ者は、常に相手が自分に好意を持っているという証拠を欲しがる。笑顔であり、朗《ほが》らかな声であり、優しく見つめる目である。それが保護と安全性に対する希求である。しかしそれほど常にその証拠が保証されているわけではない。相手も人間である。いつもそんなモナリザのような笑顔をしているわけにはいかない。しかし確実に相手が自分に対して好意を持っているという証拠が手に入らないと不安になり、相手は自分に悪意を持っているのではないかと懐疑する。そして求めているものを与えてくれない相手に対して、密《ひそ》かな敵意を抱く。

実に多くの生真面目な人がこの不安と懐疑の心理に苦しんでいる。不安な人は懐疑する。相手が自分に対して悪意を持っているのではないかと懐疑する人は、それゆえにさらに相手の好意を確かめようとしつこく絡《から》むことになる。

絡まれたほうは、初め好意を持っていても、煩《うるさ》く絡まれることで初めの好意を失うことさえある。懐疑すればするほど確かめたくなるのは当然である。そして残念なことにその確認の過程で、かえって求めているものを失う。

相手の母性的好意を必要とする人は、それゆえに相手の好意を失う。「必要と恐れ」という矛盾こそ、愛されることなく育った人が解決しなければならない問題なのである。大人になって母性的愛情を他人に求めても無理である。母性的な愛情とは、すべてを受け止めてくれる愛情である。どんなことをしても許してもらえる愛情である。神経症的な母親がとうてい与えることができない愛情である。

「必要と恐れ」という関係における必要とは、自分にとってどんな必要なのかを反省してみることである。その人といる時に安らぎがあるのか、その人といたわりあえるのか、そんなことを考えたら、今自分が必要としている人の意味がわかってこないだろうか。

その人に認めてもらう前に、自分は一体何をしたいのか。
その人に認めてもらう前に、自分は素直に生きているのか。
その人に認めてもらう前に、自分には本当に好きな人がいるのか。
その人に認めてもらう前に、自分は思う存分甘えたことがあるのか。
その人に認めてもらう前に、自分は人前で怒ったことがあるのか。
そうしたことを反省することが大切である。これらのことにすべてノーであるなら、その人は生きていない。こうした経験がないとすれば、生き方を見直す時である。そんな経験をしてみたいと一度も思ったことがなければ、自分の周囲にいる人を見直す時である。

「迎合によって不安を解決する人」は心の安らぎが得られない

そして人はどのような時に相手を恐れるか？　あるいはどのような人が相手を恐れるか？　それは一口に言えば、相手に取り入る人である。カレン・ホルナイが「迎合によって不安の解決をする」と言っているような人である。[24]不安な時に人はいろいろな対応をする。人によっては攻撃的になる人もいる。また相手に迎合していく人もいる。この相手に迎合していく人が、相手を恐れるようになるのである。

つまり恐れる人は、相手の好意によって生きていこうとする人である。神経症的な人は、相手に気に入られないと生きていけない。そこで相手の感情を恐れる。相手を愛していないのである。相手を愛していたら、相手を恐れない。

神経症的な人は、自分の信念や、相手と親しくなることによって生きていこうとするのではなく、相手の好意を得ることで生きていこうとする。だからいつも相手を喜ばそうとする。この人たちがいつも相手の顔色を窺って怯《おび》えている人である。相手の顔色を窺うのは、相手に関心がないからである。相手に関心がないから、相手が何を考えているのかわからない、相手が何を求めているのかわからない。そこで相手の顔色を窺う。相手の機嫌が気になる。顔色を窺うのは、ただ単に相手をなだめようとしているだけである。

神経症的な人は、相手の意志に従順になることで生きていこうとする。寂しいのである。寂しいから相手に好かれたいのである。寂しいから相手の愛情が欲しいのである。だから愛情を得るために、相手にとって都合のいい存在になることで生きていこうとする。あるいはそのようにすることで、不安を防衛する。その結果、相手が怖くなる。いつも相手のご機嫌を窺っていないと気持ちがもたなくなる。相手の機嫌に自分の安心感がかかってしまっている。したがって、相手が不機嫌だと不安になる。相手の不機嫌を自分に対する拒否と受け取る。

そうなるといつも相手が機嫌がいいことを確かめようとする。相手に機嫌の良さを確認しようとする。これは相手にとっても煩いことになろう。しつこくなる。相手をほうっておくことができなくなる。相手を愛する気持ちがなく、相手から愛されようとばかりしている人が陥《おちい》る姿である。

相手を恐れるから相手に取り入り、その結果さらに相手を恐れるようになる。相手の笑顔がないと生きていかれなくなる。恐れる者は悪循環に陥っていく。相手を恐れる人は、相手に対する思いやりがない。相手から好意を求めているので、相手を愛しているのではない。相手を愛していたら相手を恐れない。

人間の本質は遠い人ではなく、近い人に現われる

相手を恐れる人は、常に自分の真の感情を犠牲にしながら生きている。したがってこのような生き方は、人を不満にすることは当然である。それがストレスとなり感情を不安定にする。

第一の問題は、その不満を自覚できるかどうかであり、次の問題はその不満を表現できるかどうかである。外の人に対してはこの不満を自覚できない。自覚できないけれども不満は心の底に鬱積《うっせき》していく。

自分に近い人に対してはその不満を自覚する。自分に近い人とは、自分が甘えている人である。たとえば配偶者である。外の人とは、会社の上司とか同僚とか、いずれにしろ自分がかっこをつけている人である。つまり、あまり甘えの気持ちを表現できない人である。その結果、これらの人たちと心のふれ合いは失う。もちろん現実には内と外とこのようにはっきりと区別できるわけではない。外の人たちにも不満を鬱積して、それを自覚していることは夜の酒場に行けばわかる。

次に自覚できたとしてもその不満をストレートに表現できるかどうかである。もともと外の人に対しては不満を自覚できていないから、それをストレートに表現す

るということはありえない。

これをストレートに表現できる人は、わがままで暴力的な人である。よく妻に暴力を振るう夫はこれであろう。しかし生真面目な人は、ストレートに攻撃性を表現できない。

そこで現われる心理状態が、不機嫌と言われているものである。大人の不機嫌はすでに別の箇所でも述べた如く、子供の家庭内暴力のようなものである。家庭内暴力の特徴は、裏で愛情を求めながら暴力を振るうことである。

不機嫌は家庭内暴力ほどストレートに攻撃性を表現できないが、表情や態度で不満を表現している。相手を責めている。「何で俺に対してそんな態度なんだ」と相手を責めている。そしてあくまでも責める裏で愛情を求めている。裏では相手に甘えている。そこでこのように不機嫌な人は相手にしつこく絡むことになる。

不機嫌とは複雑な心理状態である。恐れと甘えと不満とが溶け合って一つになっている心理状態である。

生真面目な人がストレートに攻撃性を表現できないことには、もう一つ理由がある。それは不満のストレートな表現が相手を自分から離れさせるという不安と恐れである。相手から母性的に愛してもらいたい。相手が自分から離れることには耐えられない。しかし相手には不満を持っている。不満はあるけど、その人に気に入られたい。不満はあるけど、その人に取り入る気持ちはまだ強い。いい顔をしたい、けれども相手の言動は面白くない、そんな時に相手に自分の素直な感情を表現できない。面白くない感情は、表現されないまま心の底に鬱積する。

実はそのことで相手が素直に好きでいられなくなる。もし素直に自分の感情を表現していれば、相手に対する好意は維持されたであろうが、面白くない感情を表現できないで心の底にため込んだことで、相手を素直に好きではなくなる。

人は遠い人に対しては、案外単純でわかりやすい感情を抱いている。あるいは自分にとってたいして重要でない人に対しては、案外単純でわかりやすい感情を抱いている。しかし近い人に対しては、複雑に入り組んだ感情を抱く。あるいは自分にとって重要な人に対しては、複雑極まりない感情を抱いている。

人の本質は、遠い人ではなく、近い人に現われるということを理解しないまま、見合結婚して不幸になる人はたくさんいる。ことにその人が心理的成長に失敗している時には、近い人、あるいは重要な人に対して、複雑極まりない感情を抱く。だからこそ、近い人には耐えられない人間が、遠い人から高い評価を得るのである。

夫の人間性に悲鳴を上げた奥さんが、会社の人に相談して、逆に「あなたはわがままだ」と批判されることがある。もちろん実際そのようなケースもあるだろう。

しかし心理的成長に失敗した夫が、遠い存在である上司に見せる顔と、近い奥さんに見せる顔とでは、まったく違うのである。だからこそ人を本当に評価する時には、遠い人ばかりではなく、近い人の意見を聞かなければいけないのである。

なぜすべてを「自分への批判」と受け取ってしまうのか？

先に「必要と恐れ」という矛盾を指摘した。そこまで相手の母性的愛情を必要としていなければ、相手を恐れない。また自分の感情をストレートに表現できる。相手の母性的好意がなくても生きていかれれば、人は相手の悪意をそこまで恐れたりはしない。そして相手が好意を持っている時には、その好意を疑うこともない。誤解することもない。必要が恐れを生むというこの人間存在の矛盾を解決することが、愛されることなく大人になった者の生涯の課題なのである。

この課題の解決の障害になるのが、自己蔑視《べっし》である。相手の言葉を自分への批判と受け取り、傷つく。相手の何気ない日常の言動を自分を蔑《さげす》んだと思い込んで傷つき、怒る、あるいは怒れなくて憂鬱になる。

頭では、相手は自分を軽蔑したのではないと思いながらも、無意識の世界では侮辱を感じて、怒り傷ついている。相手が侮辱したのではないのに、心の奥底の無意識の世界で侮辱されたと感じてしまうことの悲劇なのである。小さい頃から愛されなかった人は、そのように感じる脳の神経回路が強化されすぎているのである。

侮辱されたと感じながら相手に甘え、その相手の好意を求めている。心がふれ合っていないから、相手に対して素直に自分の感情を表現できない。心がふれ合っていれば、侮辱されたと思った時に、相手に抗議ができる。しかし侮辱されて傷つきながらも、それを素直に表現できない。

神経症的な人は、相手の母性的な好意を必要としている。それなしには生きていけない。そこで相手に自分の存在が依存してしまっている。となると、自分の存在が頼りなく感じる。安全性と確実性を求める。その結果相手に対する懐疑に苦しむ。人は愛されないで育つと、このようなマイナスの感情の輪の中をぐるぐると回ることになる。

神経症的な人の悲劇は、母性的な愛を観念として求めながら、母性的な愛を体験していないから、具体的に母性的な愛がわかっていないことである。甘い蜜を食べたいと思っても、甘い蜜を一度も口にしたことがない人は、甘い蜜に出会っても、それが甘い蜜だということを知らない。

神経症的な人は、母性的な愛とは自分の「辛い、苦しい」感情を和《やわ》らげてくれるものと思っている。母性的な愛で育てられても、生きることは辛い時も、苦しい時もある。

神経症的な人は、なぜ相手の言葉を自分への批判と受け取ってしまうのか。それは、他人の評価が怖いから。小さい頃から評価で育てられているから。そして、相手を観察していないから。相手の視線、表情を見れば、自分の人格に対する批判ではないことがわかるのだが、神経症的な人は自分を取り繕《つくろ》うのに一所懸命だから、相手を観察する力がゼロである。

神経症的な人は、言葉に弱くて、相手の行動を見ていない。「あなた、好きよ」と言う奥さんがいるとする。神経症的な人は、妻が自分を好きだと思ってしまう。その奥さんが食べて寝ているだけの生活をしているということには注意をしない。好きならこういう行動をするはずだとは思わない。好きならもっと自分の体調を気にして料理を作るはずだとは思わない。

神経症的な人は、「必要と恐れ」という矛盾に悩まされるが、心理的に健康な人は「必要と安心」なのである。「必要と恐れ」という関係には、いたわり、安らぎ、優しさなどはない。そして「必要と恐れ」ということを逆に言えば、必要としない人は恐れないということである。つまり自分にとって大事でない人には、冷たい。神経症的な人は、このような生き方をしているから、エネルギーが生まれてこないのである。

神経症的な人は、自分が必要と思わない人に対してはエゴイスティックに振る舞う。ただ神経症的な人は、誰にでも好かれたいから、誰にでも良い顔をする。つまり陰ではエゴイスティックに振る舞い、表では良い顔をする。

「人が人を好きになる」ということが理解できていない不幸

先のボールビー博士の本に、未熟なパーソナリティーとして次のような説明がある。未熟なパーソナリティーは、常に機嫌を取らなければ愛着人物たちは有効ではない、という予測を持っている。つまり相手のご機嫌を取らなければ、一緒にいられない。要するに愛着人物の愛を信じられないでいるのである。小さい頃、愛着行動に十分な応答がなされなかったことが、根強い不信の主要な原因であるという。

ボールビー博士を正しく理解しているかどうか自信がないが、自分が愛着人物の機嫌を取らなければ愛着人物は自分の愛情欲求に応答してはくれないというのである。これがいわゆる良い子であろう。親の愛情を得るために、まず自分が親の機嫌を取らなければならないと思い込んでいる。

自分がわがままを言っていたのでは自分は見捨てられる、と思い込んでいる。親を信じられる者は他人も信じられる。大人になって相手が不機嫌でも、相手は自分を拒否しているのではないと思える。

しかし常に機嫌を取らなければ愛着人物たちは有効ではないという予測を持っている大人は、近い人の不機嫌に怯える。近い人が不機嫌になると自分も不安になる。近い人の不機嫌にいたたまれない気持ちになる。だからこそ近い人の不機嫌に耐えられないのである。

そしてだからこそ近い人に要求が激しくなる。自分に近い人がいつも機嫌を良くしていてくれ、という願いであり、要求である。そうでないと自分がいたたまれないのである。

機嫌を取らなくても愛着人物たちは有効である、と信じられる者は、愛着人物の不機嫌に怯えることはない。だからこそ相手の機嫌に対する要求も少ないのである。つまり「いつもニコニコしていてほしい」という要求がない。そして要求が少ないから、敵意を抱くこともない。相手が自分の要求を満たさないために、相手に敵意を抱くからである。彼らは相手に隠された敵意を持っていないから、近い人と一緒にいても楽しいということになる。

拒否への怯えと相手に対する要求の過大さとが結びついているということを理解しないと、未熟なパーソナリティーを正しく理解できない。またこのようなことを理解すれば、鬱病者のパーソナリティーの中にある隠された敵意も理解できるのではなかろうか。

相手がいつも機嫌良くしていてほしい、という要求がある。その要求が満たされない。そこで相手に敵意を持つ。それを表現できない。だから隠された敵意がある。

相手の機嫌が気になって言いたいことが言えないという人は、人が人を好きになるということが理解できていない。相手が自分を好きだということがどういうことかわかっていない。相手が自分に文句を言っても、それが自分を好きではないということではない。相手の機嫌が気になって言いたいことが言えないという人は、このことが理解できていない。相手の機嫌が気になる人は、相手が自分に文句を言っていてもなおかつ自分のことを好きだということが理解できない。それゆえに、相手のその時その時の態度に自分の感情が左右されてしまう。相手の機嫌、不機嫌に自分の感情が左右されてしまう。

相手が、あることで自分を拒否したり、非難したり、嫌な顔をすると、自分が嫌われていると思ってしまうのである。人は好きな人にも嫌な顔をするということが理解できていない。だから近い人と一緒にいても、いつも怯えている。

相手の機嫌が気になって言いたいことが言えないという人は、相手が機嫌良くしていないと自分の気持ちがもたない。相手の気持ちをいつも恐れている。相手が自分にいつも機嫌良くしていないからといって、それは自分を嫌いということではない。相手が自分を好きだということは、相手がどのような態度を自分にとるかということとは別だということが理解できていない。だからこそ相手の自分に対する態度や言葉に、自分の機嫌が影響されてしまう。

深い海を考えてみよう。風が吹けば、海面は揺れる。波が立つ。時には大波が立つ。しかし海の底は静かである。嵐が来て、大波が立つのは海面である。これが好きな人同士の大喧嘩である。どんなに意見が違って大喧嘩をしても、基本のところでは信頼しあっている。

それに対して道路にできた水たまりを考えてみよう。風が吹いてきて揺れたら、それは揺れた部分がすべてである。その時の相手を非難する態度が、その人のすべてである。

相手に「いつもニコニコしていてほしい」という要求を持って、相手の言動に怯えている人は、おおかた水たまりなのである。相手と自分との間に深い海の底の関係がない。その時々の喧嘩や、不愉快さなどが、お互いの関係のすべてになっている。だからお互いの関係を維持するためには細心の注意を払わなければならない。

相手の機嫌に自分の機嫌が影響されるかされないかは、この一点が理解できるか理解できないかによる。相手の機嫌に自分の機嫌が影響されてしまう人は、相手が自分を好きか嫌いかということは、相手が自分のすることや言うことに文句を言うか言わないかということと関係がない、ということが理解できない。

たしかフロイドが、相手の自分に対する態度に自分の満足がかかっているか、いないかに心理的成長がある、と言った。しかしもっと本質的なことは、相手の自分に対する態度や言うことに、相手が自分を好きか嫌いかということが表現されると感じるか、感じないかに心理的健康があるということである。

相手が、その時の自分のすることに不満を持っても、なおかつ相手が自分を好きなのだと理解できない。だからこそ相手の態度や言うことにものすごく心理的影響を受けてしまう。相手がいつも機嫌良くしていないと、こちらが不安になる。したがって、相手がいつも機嫌良くしていることを相手に要求する結果になる。それが相手にとって心理的負担にもなる。

あるいは自分の言いたいことを言えないで、相手に不満を募《つの》らせてしまう。

親しいからこそ文句も言える

他人が喜ぶことを自分の人生の喜びにしてしまった人は、自己喪失している。いや正確に言えば、他人を喜ばすことによって他人の気を引くことを人生の目的にしてしまった人は自己喪失している。

子供の喜ぶことを自分の人生の唯一の喜びにしてしまった親は、最終的には子供を束縛する。肉体的に大人になっても心理的には成長できないピーターパンを作り出す親は、こうした親だとダン・カイリーは言う。つまり「あなたが幸せなら、お母さんはどうなってもいい」[25]というようなことを言う母親である。「子供のために自分の人生を犠牲にする」という母親の殉教的な姿勢が、子供を不幸にしていくのである。

夫の喜ぶことを自分の人生の喜びにしてしまった人は、夫を束縛する。

この種の自己喪失者の問題は、相手が喜ばなかった時に、ものすごく不快になるということである。あるいはものすごく不満になる。したがっていつも相手の機嫌に自分の感情が支配されてしまう。

結果としていつも相手に機嫌良くしていることを要求するということになり、相手にとってはきわめて大きな心理的負担となる。自分の言いたいことが言えないで不満になる、相手も不満になる、そして重苦しい雰囲気の関係になる。

人は好きな人に対してもなお不服や不満や不平を持ち、文句を言いたくなる。このことが自己喪失者や神経症者にはなかなか理解できない。実は相手を信頼しているから相手に文句を言えるのである。相手と親しいから相手に文句を言えるのである。

相手の機嫌が気になって言いたいことが言えないという人は、相手を信じていない。相手が自分のその時の言動に不満を感じると、相手との関係に危機感を抱く。

相手の機嫌が気になって言いたいことが言えないという人は、常に相手の自分に対する不満、不服に敏感になっている。そして相手が自分に対して不満、不服にならないように努力する。つまり自分を抑える。しかし言いたいことを言わなかったことの不満は心の底に残る。

それゆえに、相手の機嫌が気になって言いたいことが言えないという人は、心理的に近い人と愉快な人生を送ることができない。心理的に依存しながら、その人と楽しく生きることができないで、いつも重苦しく塞《ふさ》ぎこんでしまう。ラジオのテレフォン人生相談のパーソナリティーをしていてつくづく感じるのは、このことが理解できないで、多くの夫婦が不機嫌に苦しんでいるということである。

同じことは自分との関係についても言える。自分を基本的に評価していない人は、自分に欠点があると自分を価値がないものと感じてしまう。完全主義の人は、基本的自己無価値感に苦しんでいる人である。自分の欠点を見つけ出す鬱病者も同じである。

24　move toward people

25　I never really wanted anything for myself except your happiness. Dan Kiley, "The Feter Pan Syndrome", A Corgi Book, 1984, p. 30.

第6章　誰かにしがみつくことでは解決しない

相談に来る人の半分以上は解決など望んでいない

相手から母性的な愛を求めているということは、多くの悩んでいる人に共通していることである。悩みの相談に来る人の半分以上は、悩みの内容が問題ではない。悩みの内容が問題であれば、いわゆる相談者はいくらでも相談にのれる。しかし悩んで相談に来る人は、たいていその相談内容が問題なのではなく、愛情確認に来るのである。相談というのは口実《こうじつ》で、愛情を求めて来る。恋人やカウンセラーを別にすれば、まず母親の代理を務められる人はいない。それなのに悩んでいる人は、相談者に母性的な愛を求めて来る。

したがって、相談に来る人に前向きな話をしても相手にされない。「○○の件で、私はこのようにしたい、でもあの人は、このように言い、私はこんな酷《ひど》い目にあった」と相手を非難する。要するに、この件をどうするかということよりも、「私はこんな酷い目にあった」と、相手の非を切々《せつせつ》と訴えているのである。そして同情と哀れみを求めている。表面上は「どうするか」という相談であるが、解決のためのアドヴァイスを求めているのではない。

初め相談内容が問題だと思って相談にのっていると、たいていの相談された者は腹が立ってくる。悩んでいる人は甘えに来ているのである。始末に困るのは、子供のように単純に甘えに来ているのではない、ということだ。実際は甘えに来ているのに、悩んでいる本人はそのことを認めない。理屈をつける。

相談という形をとっているが、実際は甘えに来ているから、相手が自分の気に入るようなことを言わないとすぐに怒る。怒るのは、相談する側の甘えを満たすように、相談された側が動かないからである。相談する側の甘えを満たすように相談された側が反応しないからである。

つまり相談された側が些細《ささい》なことに大げさに反応したり、どうでもいいことを深刻に受け止めたりということをしないからである。悩んでいる人がいい年をして何でもかんでも他人の責任にしているのに、「へー、あの人はそんなにひどいんですか、そうですか、あなたは被害を受けましたねー」と、悩んでいる人の責任転嫁の姿勢にこちらが唱和《しょうわ》しないからである。いつまでも幼稚なことを言っている相談者に、「わかる、わかるなー」と大げさにうなずかないからである。

悩んでいる人はたいてい自己中心的であるから、相談された側がそのことを指摘する。そこで相談に来た悩んでいる人は怒りだす。怒りだすけれども、甘えているから、その相談をしている人から離れられない。そうなるとしつこく絡《から》むという結果になる。

悩んで相談に来る人の中には、相談者に対して甘えと怒りの両種の感情を抱くことがある。そうなると、くどくどくどくどといつまでも相手につきまとう。相手に不満を述べながらも、相手にべったりとくっついて離れない。相談された側は悲鳴をあげるが、その時はもう遅いのである。

悩みの相談者と悩んでいる人との関係は、本質的には家庭内暴力と同じである。違いは、家庭内暴力の場合はその責任が親にあるのに、相談者の場合にはある日突然相談者にされるということである。実際悩んでいる人は相談者に親を求めている。

ボールビー博士によれば、「ある瞬間に親に激怒する子どもが、次の瞬間から再保証を求める。愛を確かめようとする。母親に異常に強い愛着を示す子どもでありながら、母に向けられた敵意がある」という。これが家庭内暴力の本質であろう。母親に敵意があるから母親に暴力を振るう。しかし同時に母親に愛情を求めている。愛情を求めつつ暴力を振るうから愛情要求について余計不安になる。こうなれば、しつこくまとわりついて責めているしかなくなる。

「相談」という形で「甘え」に来る人

不良少年などがよく因縁《いんねん》をつける。悩んでいる人も同じようなところがある。甘えられそうな人に因縁をつけに行くのである。だから大学生の場合で言うと、自分の大学の学生相談センターに相談に行かない。自分の大学の学生相談センターに相談に行く人は、まだいい。自分の大学の学生相談センターに相談に行く人は、まさに相談に行くところがあるからである。自分の大学の学生相談センターに相談に行く人すべての人がそうではないが、因縁をつけに行く人は少ない。

自分の大学の学生相談センターに相談に行かない悩める学生は、相談者に因縁をつけに行くのである。相談内容が問題ではない。因縁をつけに来る人が共通して言うことは、自分の大学の相談センターではだめだということである。

「なぜだめなのだ」と聞くと、「自分の大学の学生相談センターの人なんかには自分の悩みは理解できない」とはっきりと主張する。そして「あなたでなければだめだ」と言う。「あなたでなければだめだ」という言い方が、すでに相手に絡んできているのである。しかし「あなたでなければだめだ」という根拠はまったくない。

「あなたでなければだめだ」という言い方は、一見相手を尊敬しているように思えるが、まったく違う。そう言うことで相手を束縛しようとしているのである。そのように言うことで、相手に対して自分を特別の立場に置こうとしている。そのように言うことで、相手からの特別の配慮を要求しているのである。

お医者さんにかかる場合でも同じようなことがあると聞いた。あの先生はだめだ、この先生はだめだ、とさんざん言う。「先生でなければ……」と言いだす。そして「先生のような人に会えて本当に良かった」と、たいして知らないうちから褒《ほ》めちぎる。

しかしそれは尊敬しているわけではなく、そのように言うことで、目の前のお医者さんを束縛しようとしているのである。そのように言うことで、お医者さんが自分に特別の好意を持つように仕向けているのである。つまりそのように言うことで、お医者さんをコントロールしようとしている。

他大学の悩める学生に泣かされる大学職員もいる。あるいは出版社の人もいる。私の知り合いの新聞記者は、読者に新聞社の前に来られて、いつも裏口から帰っていた時があった。悩んで相談に来る人は、その記者の文を読み、これなら甘えられると思ったのであろう。

それら泣かされている人も、悩んでいる人の相談の内容が問題であるならいくらでも相談にのれるに違いない。どんなに忙しくても、何とか時間をつくる努力をするだろう。しかしそのような悩んでいる人にとって、相談内容は問題ではない。悩んで相談に来る人は寂しいのである。だから寂しさを癒《いや》してあげなければならない。その仕事は普通の人にはできない。恋人や親友ならできるが、通りがかりの人にはできない。

酔っぱらって絡む人は、酔いが冷めれば絡まなくなる。しかし悩んでいる人はそうはいかない。普通の人の手にはおえない。普通の人は、職業生活も、家庭生活も破壊されかねない。専門のカウンセラーに委《まか》せるしかないであろう。

悩んで相談に来る人を優しく迎えて、自分の職業生活をはじめ、家庭生活まで酷い目にあう人もいる。先生のなかにも、悩んで相談に来たのか、絡みに来たのかが見分けられない人がいる。悩んで相談に来た人の相談にのるのは当然であるが、相談は口実で絡みに来た人は、専門の人に委せるほうが適切な処置であろう。

相談に来る、甘えと怒りの両種の感情を抱いた悩める者は、相手の不誠意を責める。もっと真剣に相談にのれということである。悩んでいる人は自己中心的であるから、最後にはどうしても相手に怒りを持つ。自己中心的な人の言うなりに動くことは、普通の社会人にはできない。

相談に来た者から甘えと怒りの両種の感情を持たれた時には、まとわりつかれる。「不誠意だ」とか「それでも先生か」とか、何やかやと言いながら、いつまでもまとわりついて離れない。寂しいから離れないのである。そして最後にはお決まりの「あなたの人間としての責任」はどうなるのだという責任追及になるのである。

自分のところに相談に来るのが常識として理解できる人は、問題は少ない。悩んで友人のところに相談に行く、悩んで知り合いの先生のところに相談に行く、悩んで親しい親戚の人のところに相談に行く、悩んで、相談を受け付ける公共のところに相談に行く、それらの人はまさに相談をしているのであろう。

相談は口実にすぎないという人は、たいてい常識から考えて相談に行くべきでない人のところに相談に行っている。公共の相談センターのようなところでも、何々先生でなければだめというような言い方をする人は、心理的に最も問題を抱えていて、相談の内容は問題ではない人が多い。

私は永年大学で講義をしていて、大学紛争の時を除けば授業について自分の学生からあれこれと小言を言われた経験はない。しかし私の授業を学籍登録をしないで聞きに来ている他大学の学生にはしつこく絡まれた経験はある。経験を積んでいないと、「相談に来る」学生が、本当に相談に来た学生なのか絡みに来た学生なのか見分けがつかない。そこでいろいろとゴタゴタする。

他大学の学生でも本当に授業を聞きに来ている学生は問題ない。しかし本当に授業を聞きに来るのではなしに、私に母親なるものを求めて教室に来る他大学の学生は、いろいろと過大な要求をする。

ある時私が授業に十分遅れて教室に来たと、授業のあとで研究室に文句を言いに来て、どうしても帰らない学生がいた。他大学の学生である。聴講生でもない。つまり授業料も何も払わないでただ授業を聞きに来ている学生である。そのこと自体はさして問題ではない。

しかしこのような学生が、今述べたような不平不満を言ってまとわりついてくる。寂しいから離れない。「私の失われた十分はどうしてくれるのですか」と言って研究室から動かない。次の週も私を責めるために研究室に来る。少なくとも私の授業に正規に登録している学生でこのような学生には、四半世紀以上にわたって一度も会わない。

なぜ「大人の甘え」はどろ沼にはまり込んでしまうのか？

大人が誰かに甘えれば、間違いなく不満になる。相手はその人の無限の密着願望を満たしてあげることはできないからである。そうなると不満になる。そこで怒りを感じる。怒りを感じたからといって、甘えがなくなるわけではない。逆に不安になるから、いよいよ甘えを強くする。ボールビーは「意識無意識をとわず、愛する人物に向けられた敵対衝動が存在すれば、不安は著《いちじる》しく増大する」と述べているが、その通りである。

そうなると、ぶつぶつぶつぶつぶつ言いながらまとわりつきつつ、相手を際限もなく詰《なじ》り続けるより仕方なくなる。家庭内暴力は、悩んでいる人間の人間関係を象徴している。悩んでいる夫と妻の間でも同じである。いつまでもいつまでも奥さんを責め苛《さいな》む夫がいる。

私はテレフォン人生相談のパーソナリティーを勤め始めてそのような夫の多いことに驚かされている。食事の出し方が悪いと、夜中の二時三時までくどくどと奥さんを責め苛む。しかしいくら責めても気が済まない。先に述べたように家庭内暴力である。夫は寂しいのである。返事の仕方が悪いと奥さんを責める。しかし彼はどんなに返事の仕方が悪いと奥さんを責めても、気が済まないのである。それは、問題は返事の仕方ではないからである。寂しいというのが問題なのである。そこでいつまでも責め続ける。

ところが奥さんを責めているうちに、責めることで奥さんの愛情を失うのではないかと不安になり、奥さんを失うまいと、責めることが理屈っぽくなる。そして自分はなぜ怒っているかを理屈で説明し、奥さんからの愛を確認しようとする。だから初めの頃に言うこととあとのほうで言うこととが矛盾してくる。

奥さんが「明日の朝は早いですから」と寝ようとすると、また怒りだす。仕方なく寝てしまうとベッドのそばに来てまたうるさく不満を言い始める。奥さんを寝かさない。家庭内暴力の子供が母親のベッドに来て母親を寝かさないのと同じである。憎しみの裏で愛情を求めている。

そんな奥さんが悲鳴をあげてテレフォン人生相談に電話をかけてきたりする。

「これは家庭内暴力の息子が母親を責め苛んでいつまでも母親を寝かさないのと同

じですよ」と言うと、「夫は四十五歳ですよ」と驚く。奥さんは、夫による家庭内暴力であることが意外な様子である。

このような夫の態度は、次のような子供と母親の関係を見ることで理解できるであろう。四十五歳と思うから理解できないのである。社会的には四十五歳でも心理的にはまだ幼児かもしれない。

子供が母親に「お花に水をあげたよ」と言う。母親が「あー、そー」とだけ言って仕事を続けている。この母親の対応に子供は不満になり、敵意を持つ。ボールビー博士の言う「意識無意識をとわず、愛する人物に向けられた敵対衝動」を持つ。子供は「お花に水をあげたよ」と言うことのなかで「よく、やったでしょー」と言っている。それに母親は応《こた》えていない。子供は「お花に水をあげたよ」と言うことのなかで「そういう私を好きになって」と言っているのである。四十五歳の夫も同じなのである。「よく、やったでしょー」と言っているのである。それを無関心に「いいことしたわね」では、夫の甘えは収まらない。

「愛する人物に向けられた敵意は、愛する人を失うのではないかという恐怖を増大させる。小言を言いながらまとわりつく」とボールビーは言うが、まさにその通りである。ひどい夫になると、奥さんの朝のお金の出し方が悪いから賭《かけ》に負けたと、賭から帰ってきて、奥さんに暴力を振るう人までいるそうである。よくいるのは、奥さんが家庭をしっかりと守らないから自分は会社で仕事に集中できずに出世ができない、と奥さんを責めるというのである。まさか賭に負けたことまで奥さんの責任だとしつこく責める人がいるとは知らなかった。

近い人物にしつこく絡むのは心理的に幼稚な証拠である

ところで、それでは「愛する人物に向けられた敵意」はなぜ生じるのであろうか。それは、依存心の強い人は近い人に対する要求がものすごいからである。たとえば限りない受容を求める。幼児的な受け身願望を相手が満たしてくれることを求める。そのくせ相手が自分を立派な大人であると見なすことを要求する。この要求はまったく矛盾しているから、これを実現することは不可能である。

それらの矛盾した要求を近い人に突き付ける。しかしそれを相手は満たすことができない。依存心の強い人は、相手に対する要求が満たされないので、相手に対して敵意を抱く。相手に「こうしてほしい」と頼んでいるのにそれを拒否されれば、敵意を抱くのは当然である。

ところで「愛する人物に向けられた敵意」とボールビー博士に倣《なら》って書いてきたが、正確に言うとこの言い方はおかしい。「愛する人物」ではない。自分が「愛する」のではなく、「愛されたいと思う相手」である。愛する人はこのような意味で寂しくはない。「愛する人を失うのではないかという恐怖」というのは、「自分を愛してほしい相手を失うのではないかという恐怖」である。それなのに自分を愛する行為をしてくれないから、憎しみを持つのである。「小言を言いながらまとわりつく」というのは、小言で関係を壊さないように努力しているのである。

「愛する人物に向けられた敵意は、愛する人を失うのではないかという恐怖を増大させる。小言を言いながらまとわりつく」を正確に言うと、「自分のことを愛してほしいと思っている人物に向けられた敵意は、その人を失うのではないかという恐怖を増大させる」である。

単純な例でいこう。デートをする。相手が約束の時間になっても来ない。怒る。あるいは自分は嫌われているのではないかと不安になる。相手が現われる。ここで神経症的な人は相手から嫌われることを恐れて「優しく」迎える。感情を抑えて迎合する。しかし不満の感情は残っている。その残った不満の感情がデートの間、相手に絡むことで表現されてくる。

心理的に健康な人はそこで怒る。怒ることで感情ははけている。心理的に健康な人の感情は変化する。このことをしっかりと理解する必要がある。神経症的な人の不満の感情はなかなか変化しない。

近い人に対しては、心理的に幼稚な人、神経症的な人は、実にさまざまな要求をする。寂しくてしょうがないからしつこく要求する。

ここで問題は、神経症的な人の「要求」である。心理的に健康な人の要求は「自分はこれが欲しい」「自分はあなたにそれをしてほしい」というように、自分の要求が具体的ではっきりとしている。だから相手も満たしてあげられる。

それに対して神経症的な人は、具体的に相手にしてほしいことがあるわけではない。これをしてくれるということのなかで相手の自分に対する愛の証《あかし》を探《さぐ》っている。だから「これをしてほしい」と要求して、それを断られると「じゃー、私のことを嫌いなんだ」と受け取ってしまう。本当に相手に求めているものは何一つない。だから要求そのものの具体的な内容は何でもいい。この要求をしたら相手はその要求をどう取り扱うかということが問題なのである。

「それをちょうだい」と言った時に、心理的に健康な人の場合にはまさに「それ」が欲しい。しかし神経症的な人の場合には、「それ」をくれるという相手の愛情が問題なのである。「それ」そのものが問題ではなく、それをくれることを通して相手の自分に対する関心、愛情が欲しいのである。

だからいつも不満なのである。何をしてもらってもそれで満足しない。そのこと自身を求めていたのではないからである。どんなに環境がよくなっても不満である。「こんなにしてあげているのに、何が不満なの?」としてあげているほうは怒るが、相手の要求は「してもらうこと」を通して愛情や関心を求めているのだから、要求は無限である。

「これをしてほしい」と暗に要求して、それが受け入れられる時に、自分は愛されていると安心する。神経症的な人は自分が何を求めているかがわからない。

だから表面的にであれ、自分に関心を持ってくれる人が好きになる。その人が「いい人」になってしまう。「○○さん、どうですか？」と声をかけてくれる看護師さんは好きになる。マニュアル通りに声をかけて、気持ちがなくても、その人を好きになる。常に声をかけることが愛と感じる。黙って毎時間ごとに病人の様子を見ている看護師さんよりも、声をかける看護師さんが好きになる。

そして先に「寂しくてしょうがないからしつこく要求する」と書いたが、この寂しさも要求と同じように、心理的に健康な人と神経症的な人とでは違う。心理的に健康な人が「寂しい」と言う時には、自分の親しい人がいないという寂しさである。しかし神経症的な人は、愛してくれる人がいない寂しさである。独りぼっちという寂しさである。そして相手が欲しいが、その相手は誰でもいい。心理的に健康な人は、相手は誰でもよくはない。多くの人が自分に関心を持ってくれたとしても、寂しい時は寂しい。

この本の中で「要求」とか「寂しい」という言葉を使った時に、どのような意味で使っているかを考えて読んでほしい。もちろん「要求」とか「寂しい」という言葉以外でも、神経症的な人と心理的に健康な人とでは、同じ言葉でも意味が違う。

同調してくれる人間を永遠に求め続ける

そして神経症的な人は相手に何かを要求する時に、相手が自分とは別の一つの人格の持ち主であることを認められない。自分が腹を立てることには相手も腹を立てることを当然と思う。自分が憎らしいと思う人を相手も同じく憎らしいと感じることを求める。相手が自分に同調してくれないと面白くない。これも愛情要求である。

神経症的な人は、自分が負けそうになると「あの愚か者！」と言う。そしてそれに相手が同調してくれることを求める。一緒にいる人は常に同調を求められている。この神経症的な人も一人だったら「あの愚か者！」とは言わない。

神経症的な恋人たちが歩いているとする。向こうから素敵な女性が来た。女はその素敵な女性が気に入らない。そこで「あの女、不美人ね」と言う。男が黙っている。神経症的な女は男が黙っているのが気に入らない。神経症的な女は同調を求めているのだから、男は「君のほうがずっと素敵だね」と言わなければならない。

次にまた優しそうな女性が歩いて来た。「やな女ね！」と女は言う。「えー？　そ

「あっちのほうがいい女」と男が言えば、神経症的な女は不愉快である。神経症的な女にとっては「あっちのほうがいい女」では困る。神経症的な女は、あの女と比較して自分のほうが「いい女」だと言ってもらわなければ不愉快である。自分のほうが「いい女」と言ってもらいたい。

それが神経症的な人の愛情要求である。だから一緒にいる人はその要求に応えるべく、いつもいつも緊張している。神経症的な女は、自分が相手にとってかけがえのない女であるということが理解できない。実は相手が自分にとってかけがえのない男ではないからである。

神経症的な父親である。新聞を見ていて有名人の記事が出ると、必ずその有名人をけなす。子供がそれに同調して有名人をけなさないと、朝から一日中機嫌が悪くなる。子供が同調してくれないと自分が批判されたような気持ちになるのである。子供は自分の父親は父親だと思っていても、神経症的な父親は有名人と自分が比較されていると思ってしまう。それはその神経症的な父親が、自分の息子を他の子供といつも比較して見ているからである。

神経症的な母親は子供が外で食事をして「美味《お》《い》しい！」と言うと、自分の料理が批判されているように感じ、面白くない。自分の夫が外で「美味しい！」と言うと、自分の料理が料亭の料理と比較されていると思う。そこで「この料理塩分強いわよ」とけなす。そして夫に料亭の料理をけなすことを求める。

「この窓、何かガタピシいうみたい」と家族の者が言えば、父親は怒る。自分の収入が少ないと言われているように感じるのである。神経症的な父親は、家族のこの一言の中に、家族の者が自分を尊敬しているか、いないかを気にするからである。

家族の者が「あの人、いい背広を着ているわね」と言えば、神経症的な父親は怒る。その背広を着ている人も自分の比較の対象だからである。心理的に健康な父親なら、その人はその人、自分は自分なのだが、そのようには感じられない。神経症的な人の要求は心の要求であり、具体的に「これをして」「あれをして」ではない。

神経症的な人が車を運転しているとする。助手席に座っている人が「あの車、速いわねー」と言うと、急に不愉快になる。しかし「この車は安全運転でいいねー」と言えば安心する。だから神経症的な人は相手に対する要求が多くなるのである。

極端なことを言えば、相手が「あくび」ひとつしても神経症的な人は面白くない。「え、俺の言っていることがつまらないっていうわけ?」と受け取るからである。四六時中「君はすごい!」と言ってもらっていないと気が済まない。それがないと軽蔑されていると思ってしまう。神経症的な人の要求は、賛美の要求である。

相手の人格、立場に気づかない浅はかさ

心理的に健康な人は家族、兄弟、友人、上司、同僚、夫婦など、各々のかかわり合いのエリアを理解できている。上司に求めるべきことを恋人に求めない。親に求めるべきことは親に、同僚に求めるべきことは同僚に求める。だから要求にも節度が出てくる。

しかし神経症的な人はこのかかわり合いのエリアがない。すべてのことをある人に求める。何でもかんでもその人にやってもらうことがその人の愛と思っている。このエリアがないことが、「相手が自分とは別の一つの人格の持ち主であることを認められない」ことの一つの表われである。

すべてのことをある特定の近い人に要求するから、その近い人は悲鳴をあげてしまう。その要求がまた、今までに述べてきたような性質の心の要求である。何につけても相手に同調を求める。

しかし何度も言うように、人間は同じ体験をしても、それをどう感じ、どう解釈するかは、人によって異なる。傷つきやすい人と傷つきにくい人では、同じ体験をしても反応は異なる。傷ついた人はすぐに怒る。傷つかない人は怒らない。依存心が強く、劣等感の激しい幼稚な人は、すぐに傷つく。そしてすぐに怒る。そしていったん傷つくと、なかなかそれから回復できない。この二人が同じ体験をして、同じ反応をしろと言っても無理である。

たとえば二人の教授が原稿を書いたとする。それを出版社に持っていった。出版社は出版を断った。するとそこで二人の教授の反応は違ってくるだろう。自分の原稿に自信のない教授は、「だからあの出版社はレベルが低いのだ」と怒る。そうして出版社の悪口を言って出版社を恨む。

それに対して自分の原稿に自信のある教授は、出版社を説得するかもしれないし、著者と出版社の立場の違いを解決しようとするだろう。つまり出版社は慈善事業をしているのではないから、売れないものは出版したくないだろう。しかし書く著者は、売れなくても赤字になるわけではないから、書きたいものを書く。そこに立場の違いがある。そこで自分が出版したい本と出版社が受け入れられるものとの調和をはかろうとする。しかも最終的に出版を断られたからといって、自分の書いたものが価値がないとは思わない。その教授の自尊心が傷つくことはない。

自分の原稿に自信のない教授が「だからあの出版社はレベルが低いのだ」と怒るのは、当然である。

本を書くことが好きな著者は、断られても怒らない。自分は好きなことをしているのだから。この教授は書く努力を続けても、燃え尽き症候群にはならない。

しかしベストセラーを書くことで周囲の人を驚かそうとして出版社に原稿を持ち込んだ著者は、断られれば傷つくだろう。傷つけば当然怒る。この著者がこの本で

「周囲の人を驚かそう」という気持ちが強ければ強いほど、怒りの気持ちは強いだろう。これを書いて周囲の人に自分の価値を認めさせようとする気持ちが強ければ強いほど、その著者は出版社に怒る。自分の願いがかなわなかったことで怒る。断った出版社を恨む。

同じことは会社でも言える。ある課長がある企画を立てたとする。その企画を実行しようとしたが、なかなかうまくいかない。周囲の協力もなかなか得られない。

その時の反応は、課長によって違う。

ある課長は、「時を待つか」と思うだろう。そして静かに根回しを始めるかもしれない。それはその企画の実現に興味を抱いている課長である。仕事が毎日面白いと感じて、満足している課長である。

しかしその企画の実現でエリートコースに乗ろうとか、部長になろうとか、奥さんの尊敬を得ようとか、自分より出世している昔の友人を見返してやろうとか、そんな野心のある課長は、その企画の挫折に怒るだろう。そしてそれをつぶした人や、協力しなかった人たちを恨むに違いない。

そして「あいつを許せない！」と思う。そして自分が思うばかりではなく、同じ「許せない！」という感情を周囲の人にも持つことを要求する。出世に執着していればしているほど、その課長の怒りや恨みは深いものになる。会社に自分を認めさせようとする気持ちが強ければ強いほど、企画の挫折は心に打撃となる。同僚に、一緒に「すごい！」と言ってもらいたいという気持ちが強ければ強いほど、恨みも深い。

そして家に帰って奥さんに、「会社なんて頭の悪い者ばかりだ」と会社の悪口を言うだろう。もし奥さんがこの言葉に賛成しなければ、そこでもまた怒らなければならない。「お前は世の中を知らない」と奥さんに怒りを向ける。そのようなことがたび重なれば、今度は奥さんを恨む。恨みは根雪《ねゆき》のようなものである。新雪《しんせつ》が溶けないうちに次の雪が降り、積もり積もって恨みになる。

こういう人はあっちでもこっちでも人を恨まなければならない。だから年をとり、死を前にして「世の中の人間を皆殺したい」と日記に書くような人も出てくるのである。私はある高齢者の日記にその言葉を見つけた時に驚いたが、同時にそこまで人を恨んだ心理を納得した。

「世の中の人間を皆殺したい」と日記に書いた人が大きな家屋敷を持ち、優雅に暮らしていることもある。家族もいる。事実が問題なのではなく、事実をどう受け取ったかが問題なのである。そして事実の受け取り方を決めるのは、心の在《あ》り方である。

先の課長がもし心理的に健康な人なら、「あいつはなぜ自分の味方にならなかったのか？」と相手の心理を分析しようとする。そして自分の企画が実現しなかったという無念さにとどまる。しかし神経症的な人は、人々への恨みにまで発展する。

神経症的な人に恨まれたほうは、思い当たることがないことが多い。心理的に健康な人に恨まれた場合には、恨まれた人は思い当たることがある。たとえば自分が大切にしていた花瓶を壊されたとする。心理的に健康な人でも「許せない」だろう。大切な物を壊されるのだから。そして相手は、自分が恨まれることを理解できる。

結局「心を閉ざす」しか道はなくなる

神経症的な人、心理的に幼稚な人は相手が自分と同じように「許せない！」と怒らないと面白くない。今度は自分と同じように怒らない相手に怒りを感じる。かくて依存心の強い人には、「愛する人物に向けられた敵意」[26]が容易に生じる。つまり先に書いた挫折した課長である。奥さんに敵意を向ける。出世に執着している課長が出世できない時には、さまざまな人に敵意を抱くだろう。お金に執着している人はお金を得られない時に、自分の関係者を恨む。

ところがこの自分の中の敵意に怯《おび》える。敵意を抱くことで相手を失うことを怖れるのである。こういう課長に限って、奥さんに見捨てられると生きていかれない。

依存心が強くて相手を必要としているからである。そうなると相手を詰《なじ》るか、相手を失うことを怖れて、敵意をいかなる形においても表現できずに自分に向けてしまうかである。何度も言うように、もし敵意を自分に向ければ憂鬱な気分に落ち込んでなかなか這《は》い上がれなくなる。神経症的憂鬱とでも呼んだらいいのかもしれない。

心理的に成長した人は「なぜ、いつまでも憂鬱な顔をしているのか？」と不思議に感じたりする。あるいはそのような暗い顔をした人を避ける。しかし神経症的傾向の人は、なかなか憂鬱な気分から抜け出られるものではない。根雪だからそう簡単には溶けない。

それは、まず憂鬱になった原因は、怒りを自分に向けたからである。怒りを自分に向けたのは、相手を失うのが怖いからである。そして怒りの原因は、心の傷だからである。心の傷の原因は、何かに執着しているからである。たとえば名誉に執着しているからである。そしてさらになぜ執着しているかと言えば、自己蔑《べっ》視からであろう。

つまりその人の憂鬱の原因を辿《たど》っていくと、その人の自己蔑視とか、依存性とか、本質的な部分に辿り着く。これはちょっとやそっとで解決できるものではない。つまり憂鬱の原因はなかなか取り除けない。そこでいつまでも憂鬱な顔をしてい不機嫌にしているしかないのである。

憂鬱な顔をしている人は、助けを求めて悲鳴をあげている。しかしそれを人に表現することができない。憂鬱な顔をしている人は、心を閉ざしている。なぜならその人の心の中に、愛と敵意という矛盾した感情が共存しているからである。

敵意だけでも愛情だけでも、人は心を開く。相手とふれ合う。しかし敵意と愛情が心の中で葛藤している時には、心を開きようがない。愛情表現をしようとすると、敵意が障害になる。敵意を表現しようとすると、愛情が障害になる。仕方なくそういう人は心を閉ざしている。相手が心をふれ合おうとしてもふれ合えない。

よく喧嘩しながら親しくなっていくということが言われる。対立する感情をぶつけ合いながら人は親しくなる。それは両方とも心を開いているからである。しかし世の中には対立できない人がいる。そのような人が心を閉ざしてしまうのである。

ある同棲している恋人同士である。二人とも神経症的傾向の人である。男性の昔の恋人の写真が出てきた。それを見て女性のほうは怒らなかった。男性はどうしていいかわからないで、その写真を棚の上に飾った。女性が破ることを期待したからである。しかし女性はその写真の前にお花を飾ってしまった。「あなたが喜ぶならば」と女性は言う。女性は心の敵意を抑圧するしかない。

この二人はふれ合っていない。「悔しいー」と言って写真を破る恋人のほうが、心はふれ合っている。「うるさいな、済んだことだろう」と怒る男性のほうが、心がふれ合っている。この二人がこうして喧嘩をしていれば、この問題は決着がついたに違いない。しかし二人はこの問題でもっと溝《みぞ》が深まってしまった。

この神経症的傾向の女性は、愛情の要求の仕方がわからないのである。男性のほうもどうしていいかわからない。この女性は「お茶入れますか？」と聞く。男性のほうも「うー」と言う。二人とも自分の意思を曖昧《あいまい》にしておく。そして相手が歩み寄るのを待っている。自分の意思をはっきりと言って嫌われるのが怖いのである。自分の意思をはっきりと言って相手の期待からはずれるのが怖い。

「お茶を入れましょう」とも言わないし、「日本茶がいいですか、紅茶がいいですか」とも聞かない。聞かれたほうも「結構です」とも言わない。お互いに相手のためを思いながら心がふれ合わない。そして二人とも「こんなに一所懸命しているのに」と相手に不満になる。

この女性は、男性が不愉快なことをしたあとで、料理をしていて床に食べ物が落ちた。しかし落ちた食べ物を男性のお皿の上にのせない。やさしい女性のようであるが、男性が熱を出しても思いやりのある看病はしない。「熱があるの？」と聞くが、それまでである。むしろ男性の昔の恋人の写真を見た時には悔しくて、床に落ちた食べ物を男性のお皿にのせてしまう女性のほうが、不機嫌や憂鬱にならない。

26
「愛する人物に向けられた敵意」はボールビーの言葉の引用であるが、正確に言えば「愛する人物」ではない。「自分が愛を求めている人物」である。

第7章 依存心が強い人の幸福はもろい

依存心の強い人は結婚すると不機嫌になる

依存性の強い人はどうしても矛盾した願望に苦しめられる。そして時間を経て憂鬱に苦しめられるようになる。たとえば悲しくても、悲しがっていると思われるのがしゃくだと思ったりする。傷ついても、傷ついていると思われるのがしゃくだということがある。依存性の強い人はどうしても他人からどう思われるかが重要になってしまう。そこで心の問題を解決できなくなってしまう。

弱いくせに強いと相手に思ってもらおうとする。しかし相手はそのように強いと思わない。自分にとって重要な他者であれば重要な他者であるほど、「こう思ってほしい」ということが強く出てくる。しかし相手はそのようには思わない。するとその相手に怒りを感じる。かくて「愛する人物に向けられた敵意」が生じる。

ラジオのテレフォン人生相談をしているとよく相談者が「夫は結婚して人が変わった」ということを言う。「暗くなった、不機嫌になった」と言う。私に言わせれば男性はそれほど人が変わったわけではない。むしろ相談を聞いていると「結婚しても人が変わらなかった」と言ったほうが正確である。

結婚すると共通の体験をする。これが問題なのである。共通の体験をしても共通の反応をするわけではない。子供の学校の先生に一緒に会う。先生の反応は同じでも二人の受け取り方が違う。相手の同じ行動に対して、受け取る二人は違って解釈する。配偶者の一人は、「あいつは失礼だ」と腹を立てる。もう一人は相手の先生を問題にしていないから、さして腹を立てない。すると腹を立てた夫は、腹を立てない妻が面白くない。そのことでいつまでも相手を詰《なじ》る。あるいはその不快感を配偶者にぶつけられない人も多い。先に述べたように、相手を失うことが怖いからである。すると結婚前にはなかった憂鬱な顔になる。

買い物一つにしても、小さな買い物から大きな買い物まである。どれを買うかで考え方の違いは出る。買い物をする。セールスマンが相手をちやほやする。ちやほやされて嬉しい人もいれば、嬉しくない人もいる。たちまちセールスマンに対する二人の評価が違ってくる。

セールスマンにごまかされることもある。すると一人は、ごまかされたということで、神経症的自尊心が傷つき、怒る。しかしもう一人は、それは済んだこととして先のことを考えようとする。いつまでもそんなことに捕われて、悔しがって大切な時間を失うことのほうがよほどもったいないと考える。

すると傷つき怒っているほうは、「お前はこんな舐《な》められた真似《まね》をされて悔しくないのか」と配偶者に怒る。配偶者の態度が面白くない。かくて「愛する人物に向けられた敵意」が生じる。これまた怒りを直接ストレートにぶつけるタイプもいれば、詰るという形で絡《から》むタイプもいる。また怒りをぶつけられないで憂鬱な顔になるタイプもいる。

憂鬱な顔になるタイプと一緒に生活をしている人は、結婚前との違いを強調する。すると「結婚前は私といると楽しそうにしていたのに、結婚してから私といると不愉快そうにしている」といぶかることになる。今度は憂鬱な顔を理解できない人のほうが結婚について考え込むようになり、別れようかと思ったりする。

一般に憂鬱については「対象への攻撃の自分への置き換え」と説明されることが多いが、私はもう一つあると思う。それは心の中で愛と敵意と怖れとの葛藤でエネルギーを消耗し、疲れ果ててしまうのである。心の中の戦いに消耗して、積極的に生きるエネルギーはもう残っていない。しかもそれだけエネルギーを消耗しながら解決はまったくついていない。残された道は憂鬱な気分に身を任せているしかない。

共同生活というのは、頭で想像するよりも難しい。それは人は性格が違う上に、何よりも同じことに同じ反応をするのではないからである。結婚生活を始める前とあとでは二人の関係が違って当たり前なのである。結婚して人が変わったというのではなく、結婚生活を始める前には、それほどたくさんの共同の体験がなかったということである。

人にはいろいろなタイプがある。ある人は、一つの考えに心を奪われる内向的傾向を持っている。そんな人とさまざまな感情に支配されている外向的な人とが一緒に生活を始めたとしよう。

自分たちの家を買おうとしたとする。ところが質の良くない不動産屋さんにだまされたとする。その反応はこの二つの傾向の人では違う。一つのことに心を奪われる内向的傾向を持っている夫は、不動産屋さんを許せない。不動産屋さんを許す妻が許せない。さまざまな感情に支配されている外向的な妻は、逆にそんな夫に嫌気がさしてくる。

ポーランドの哲学者タタルキェヴィチは次のように述べている。「さまざまな感情に支配されている外向的な人は、あるものの中に幸福を見出せなければ、また別のものに幸福を求めるだろう。そして結局は、どこかでうまく幸福を見つけるだろう。（中略）の一方で、一つの感情に支配される内向的な人は、一つのことに自分の気持ちをすべて集中させ、そしてそれが期待はずれに終わっても、それに代わるものはなく、『ささやかな』幸福さえのがしてしまう、という危険を背負いこんでいる」[27]。

こんな二人が一緒に生活するのが、結婚生活である。となれば、愛着人物への欲求阻止は常に起きる。その結果、敵意とか攻撃性を抱くこともある。しかしその敵意や攻撃性は抑圧されることも多い。そして小さい頃、別離の脅《おど》しの中で育った人は、常に相手に敵意を抱く傾向があり、その傾向が大人になっても維持される。そして結婚生活の中では、同じことが繰り返し起きることになる。情緒的に未成熟な人は、結婚した途端に愛着人物に対する敵意に苦しみ始める。日本に内面《うちづら》の悪い人が多いのはこのためである。

「自分の幸せが相手の態度にかかっている」という現象

相手に合わせることができる人は、情緒的に成熟した人である。もちろん「相手に合わせる」動機が問題である。相手に合わせないと嫌われるから相手に合わせる人は、別に情緒的に成熟した人ではない。したくはないけど相手に合わせる人は心の底に感情を残す。相手に合わせるということと、相手に服従する自己喪失とは違う。自己喪失は相手に対する怖れから相手に同調して起きることである。

相手に合わせることは、相手に対する愛情から起きることである。相手に合わせたいから合わせる人が、情緒的に成熟した人である。合わせる、合わせないは日常的な行動では、意識的というよりも信頼関係にもとづく、無意識的に行われることである。もちろんそのためには、相手を理解していることが必要である。相手が好きということも条件であろう。

情緒的に未成熟な人は、相手が自分と同じ反応をしないと傷つき、怒り、不安になる。相手に合わせることができる人は、要求の少ない人である。相手に合わせることができない人は、要求の多い人である。情緒的に未成熟な人は、子供も大人も、「自分をもっと認めてくれ！」ということが要求の土台になっている。そして自分の要求をどこまでかなえてくれるかによって相手の愛情を確認しようとする。

要求が多いということは、基本的に依存心が強いということである。相手の態度が自分の幸せを支配するからである。依存心が強いということは、自分の幸せが相手の態度に依存しているということである。

こうなると、どうしても相手に「あなたは、こうあってほしい」という願いが出ざるを得ない。相手に対する要求が多くならざるを得ない。小さな子供が親に要求が多いのはこのためである。子供は親の態度に幸福が依存している。

これがまた、欲求不満な親を持った子供の悲劇の始まりでもある。つまり自分を幸せにする親の態度を引き出すために、自分を偽《いつわ》らなければならない。ということは、幸せになるためにまず不幸にならなければならないという矛盾に突き当たる。

ここに親に対する敵意が生じてくる。

まず子供は「自分を愛してほしい」から始まる。愛してもらうためには、相手から嫌われるような感情を抑えなければならない。その感情を抑えることで相手に敵意が生じる。

「『幸福を求める人は、要求を制限しなければならない』（中略）要求が常に満たされることはあり得ないし、要求を満たされない人は苦しまなければならないからだ。これが第一の理由である。第二の理由は、ショーペンハウアーが唱えたものだが、要求が満たされるとすぐに、また別の要求が生じるという点だ。要求は次から次へと果てしなく続き、そのすべてが満たされる可能性はない。これらの要求が満たされないということで引き起こされる苦しみはしばしば、要求が満たされることによって生じる喜びよりも大きなものだ[28]」

もしこの通りだとすると、依存的傾向の強い人や神経症者は幸福にはなれない。他人に対して「こうあってほしい」という要求がものすごいからである。ことに近い人に対する要求はものすごい。無限にわがままな自分の受け入れを要求してくる。たとえばいつも自分の言うことに賛成してくれないと面白くない。あるいは自分のした些細《ささい》な親切にも大きな感謝が欲しい。そしてその要求が受け入れられないと、相手に敵意を抱く。つまり期待した感謝がかえってこないと、不愉快になる。

神経症者は自分の要求のものすごさに気がつくことから始めなければならない。自分が幸せになれないのは相手が問題なのではなく、相手に対する自分の要求がものすごいからである。密着願望を持っている鬱病者は、なかなか幸せにはなれないだろう。この要求を相手は満たせない。するとその相手を憎む。近い人を憎んでいては幸せにはなれない。

そしてもし自分が逆に相手の立場にいたら、自分のような人間と付き合うであろうか、ということを自分に問うてみることである。いつもちやほやされていなければ気持ちがもたない、いつも自分のことばかりを言っている、すぐに傷ついて不機嫌になる、相手の態度で気持ちがすぐに変わる、などである。おそらく最も付き合いたくない人間ではなかろうか。そう考えて相手に対する要求を制限することである。

「幸福を求める人は、要求を制限しなければならない」という先の言葉を言い換えれば、幸福を求める人は神経症を治さなければならないということである。あるいは、依存的傾向を治さなければならないということである。自分の要求通りに反応しない相手を責めていても、幸福は訪れない。

神経症的な人は、自分の要求を理解していない。先に述べた愛情確認の手段であるということが理解できていない。そして神経症的な人は、相手を理解していない。そして要求が愛情確認の手段である以上、相手が見えなければ見えないほど相手に対する要求は高く強くなる。不安と要求の強さは比例していくであろう。おそらく通常であれば、普通の人はこのように神経症的な人から逃げていく。

神経症的な人はまず自分はどうしてこんなに相手に不満なのだろうと考えることである。そしてすぐに相手に対する要求が多すぎるということに気がつくであろう。自分はどうしてこんなに相手に対する要求が多すぎるのだろうと思った次に必要なことは、なぜ自分はこんなに不安なのだろうと置き換えることである。そして自分の不安を解消することを考えなければ、自分の要求が満たされることはない。

「要求から自由になることはできる。フランスの思想家で宗教史家のルナンが口癖で言っていたように、『なくても大丈夫なものが、なんと多いことか』。あるいは、オランダのことわざにあるように、『人は多くのものを必要とする。だが、ほんの少しのものがあれば生きていける』」[29]

物質的なことについてはこうも言えるかもしれないが、愛情欲求となるとこうはいかない。しかし自分の過剰な愛情欲求が自分と周囲の人を不幸にしているということを自覚することは、無駄ではあるまい。

ドンファンは神経症者である

ところで「ほんの少しのものがあれば生きていける」人はどういう人であろうか。それは目的の定まっている人である。目的の定まっていない人は「多くのものを必要とする」。他人が「ワー、すごい」と驚くものを必要としている人は、それだけ心に不満を持っている。

欲求不満な人はど、人が評価してくれるものをたくさん持ちたがる。あれも欲しい、これも欲しいという欲望に悩まされている人は、欲求不満な上に、まだ一度も達成感を味わっていない人であろう。

そして神経症者が気がつかなければならないことは、もう一つある。それは先にも指摘したように、自分の要求が矛盾しているということである。

「アンデルセンの有名な童話では、『幸運の靴』に、はいた人は誰でも願いがかなうという力が備わっている。妖精は、幸福にしてやるために人間にその靴を与えるのだが、まったく反対の結果に終わる。欲望が満たされても誰も幸福になれず、その代わり、次つぎに失望をもたらすのだ。この物語の重要な点は明らかだ。欲望を満たすことは幸福をもたらさないし、それは、満たされた欲望の後に新しい欲望が現われるからという、哲学者の示した理由のためだけではない。なぜなら、欲望が満たされるという事実が、常に喜びをもたらすとは限らないからだ。欲望はたいてい、単に欲しいものについてよく知らないために生まれる。結局のところ、普通、人は自分がもっていないものを欲しがるものなのだ。したがって、自分の知らないものを欲しがっている。肝心なのは、普通の場合、欲しがったものと手に入れたもののの間に差があるということだ[30]」

この物語は神経症者の要求にも当て嵌《は》まる。たとえば先に心理的弱者の説明のところで、相手の言う通りになって、対立できない心理的弱者と自己主張をして対立できる心理的強者の話をした。

心理的弱者にしてみれば、相手が意見を言えば従わざるを得ない。相手が「行こう」と言えば行きたくなくても行ってしまう。あとで、あの時は実は行きたくなかったと不満を述べた時に、相手が「それなら行きたくないと言えばいいじゃないか」と言っても、それは無理という話である。そのように説明した。

つまり相手が意見を言えば自分は従わざるを得ない。そこで相手が意見を言うことに不満なのである。どんどん自分の意見を言う相手に従いつつも、敵意を抱く。自分の意見を言わない人と付き合いたいと思う。

では何も言わない人のほうがいいのかというと、そうではない。何も言わない人と付き合えば自分の要求が満足されることになるかというと、そうではない。二人して譲《ゆず》り合って、満たされないまま、何もできずに途方に暮れる。

つまりタタルキェヴィチのアンデルセンの物語の解説を使って神経症者の説明をすれば、次のようになる。「相手に対する要求はたいてい、単に自分についてよく知らないために生まれる」。実現されてみれば満足どころではない。「結局のところ、普通、人は自分が付き合っていない人を求めるものなのだ。したがって、自分の知らない人と付き合いたがっている」。次から次へと恋人を変えながらも、誰とも親しくなれないドンファンは、これである。ドンファンは、私に言わせれば神経症者である。

まさに神経症者は「はいた人は誰でも願いがかなうという力が備わっている幸福の赤い靴」を履きたがっているのである。神経症者の要求とは、「幸福の靴を履かせろ」という要求である。しかし神経症者もまた「幸福の靴」を履いたとしても、幸福にはなれない。

子供の不幸を喜ぶ親もいる

英語に claiming depression という言い方がある。要求の多い鬱病者である。だいたい鬱病者というのも、要求がひどすぎる。相手の返事の声の調子一つで不機嫌になる。つまり相手の返事の声の調子にまで強い要求がある。だから返事の声一つで機嫌が悪くなるのである。要求が多くなるのは、心がふれ合っていないからである。寂しいからである。心が満ち足りているものは、そんなに多くを要求しない。

相手の何気ない一言の声色《こわいろ》にまで強い要求があるのでは、周囲の人はたまらない。しかし本人は真剣である。そして不機嫌な大人が始末が悪いのは、これを認めないことである。つまり「私は要求の多い人」と認めてくれればまだ対処の方法はある。しかし本人はこれを認めない。本人は自分は立派な人間であるということを自分にも相手にも認めさせた上で、自分の要求を通そうとする。

するとどうなるか。話はもって回った言い方になる。要求はストレートでない。わかりにくい。本当のことを認めないで、自分の要求を通そうとするから、ひねくり回された理屈になる。実際は普通の人よりも要求が多い人である。しかも自分は心理的に成長した立派な大人であると認めさせようとするから、複雑なこねくり回された理屈になる。

たとえば、人間としてもっと「こうあるべきだ」という言い方になる。私の父などは家で怒りだすと、必ず外の仕事のことを持ち出した。いかに外の仕事が大変であるかということの強調である。そしていかに自分が愛情深い人間であるかを強調する。

自分の機嫌が悪くなったのは自分が愛情深い人間であり、外の仕事が大変であり、子供があまりにもわがままますぎるから、このように怒っているのだという主張である。自分が要求が多い人間だとは認めない。機嫌が悪いのに、自分は機嫌が悪いとは認めない。皆が悪いから、自分は今、人はいかにあるべきかを「教えているのだ」という主張である。教えているので、怒っているわけではない。

子供がわがままを言っているのは処置がしやすい。子供自身が自分をわがままと認めていれば。家庭内暴力の説明では、子供が親へ敵意を持つプロセスを説明した。これと同じことが逆の場合にも言える。親が子供に敵意を持つのである。子供に対して要求が多いから、子供に対して親のほうが敵意を持つ。

ものすごい claiming depression であった私の父親は、明らかに子供に隠された敵意を持っていた。それは次のようなことである。今でも覚えているのは、私があることで不幸になった時に父親が示した、不自然なまでの異常な喜びである。私の「ある不幸な事態」を見て、父は隠しきれない嬉しさを体中で表現した。

英語で、あいつは demanding だということを言う。心理学の本などにもこの demanding という単語が出てくる。要求の多い人である。心理的成長に失敗した人である。

要求が多いということについて、もう少し考えてみたい。フロイドによると、心理的成長とはその人の満足が他人の自分に対する態度にかかっていないことのようである。確かにこのようなことはある。幼い子供は母親の自分に対する態度に気持ちが左右される。無視されればひどく傷つく。母親から注目されれば満足する。

ところがもう一つ考えるべきことは、相手の「ある一定の反応」を引き出すために、相手に対してある態度をとる場合である。たとえば感謝をされたいために親切をする。子供が母親の関心を引こうと良い子を演じる。あるいは「すねる」。

そしてその相手に対する態度が期待した反応をもたらさない時に怒る。しかし怒ると相手を失うかもしれないので、怒れないことも多い。怒れない時には、心の底に敵意を宿《やど》す。たとえば恋人の優しい笑顔が欲しいから、機嫌のいい声で話しかける。しかし恋人の笑顔は返ってこない。そんな時に面白くない。プーッとふくれる男性もいる。ふくれない時には、心の底に不愉快さが残る。

こうして心の底に隠された敵意が溜まる。そこで近い人といると、なぜか心が晴れないということがある。あまり関係の深くない人といる時のほうが、気持ちが晴れている。

成熟した人間は居心地のいい互いの距離を知っている

それが進むと寂しさになる。理由もなく寂しくて悲鳴をあげたくなる時がある。誰かに助けを求めたくなるような、どうしようもなく寂しい時がある。寂しいから要求が多くなり、要求が多いから寂しくなるという悪循環である。

不機嫌な人は、おそらく攻撃性を外に向けようにも向けられない。その愛する人を失うことができないからである。しかし自分の切実な要求はかなえられない。煮えくりかえる怒りを感じるが、その怒りを意識することもできない。意識することが不安だからである。意識してもストレートに相手に向けられない。そして最後に、自分に攻撃性を向けるしかなくなる。おそらくそれが理由のない寂しさの原因ではなかろうか。

感情のはけ口が見つからないのである。さまざまな矛盾する感情が心の中で衝突し合っている。梅雨《つゆ》時期のダムのように、水が溢《あふ》れんばかりになっている。攻撃性はその人を傷つけ続ける。寂しさはなかなか消えない。

失恋をして寂しいのではない。近い人が死んでしまってたまらなく寂しいのではない。失っているものがないのに寂しいのである。日本語で言う「やるせない」「せつない」という感情であろうか。生きているのが辛いのである。

次第に生きるための強い意欲を失っていく。それは心の中の激しい葛藤にエネルギーを消耗するからである。生産的なことにはエネルギーは使われない。しかし心の中のさまざまな激しい感情の衝突に、多大のエネルギーが消費されている。何もしないのに疲れ果ててしまう。心の葛藤で緊張しているのだから、エネルギーを消耗して疲れるのは当たり前である。

多大なエネルギーが消費されていても、およそ嬉しいとかうきうきしたとかいう軽やかな気分はない。重苦しく、どんよりと曇った空のような気分である。

ハーヴァード大学で心理学を学んだ精神分析医ベラックの書いた『山アラシのジレンマ』という本に次のような話が載っている。「ある冬の日、寒さにこごえた山アラシのカップルがお互いを暖め合っていた。ところが彼らは、自分たちの刺《とげ》でお互いを刺してしまうことに気がついた。そこで彼らは、離れてみたが、今度は寒くなってしまった」[31]。そこで山アラシたちは試行錯誤のあとに、傷つけ合わないで済み、しかも暖め合えるような距離を発見したというのである。居心地のいい距離というのは確かにあるのだろう。しかし、これも心理的成長が条件なのである。

先に少しふれた「うつ病者と雰囲気」[32]という論文がある。鬱病者もその雰囲気によって好調になったり、不調になったりするという。

そのなかに「うつ病者の求める雰囲気」というものが書かれている。私はこれを興味深く読んだ。この論文で病者の求める雰囲気として、まず密着の構造と雰囲気をあげている。第二に他に自分の受け入れを際限なく求める受容の構造である。第三に中心の構造である。

これを考えると、およそ鬱病者に山アラシの知恵を求めるのは難しい。密着の雰囲気とか受け入れを際限なく求める受容とかいうものを必要としている人間に、居心地の良い適切な距離をとれということは、無理である。おなかがすいている人に食事を控《ひか》えろと言うようなものである。

彼らは傷ついても傷ついても、密着しているほうを選んでしまう。傷つくほうが離れているよりも耐えやすいのである。傷つく痛みには耐えられるが、離れている痛みには耐えられない。もちろん長く傷つくことには耐えられないから、最後には無気力という挫折に至るのである。

鬱病者よりも山アラシのほうが賢いと言ってしまえばそれまでであるが、鬱病者にしてみれば、この密着や受容の要求は切実なものなのである。愛情なしには生きられないのに、愛情を得られなくて生きてきた者の切実な要求なのである。

人生は辛い人には辛く、楽しい人には楽しい

よく賢いとか愚かとかいうことが言われる。賢さと頭の良さとは違う。最近の流行の言葉で言えばＥＱと、いわゆる知能指数とは違う。頭が悪くても賢い人「＝ＥＱの高い人」はいるし、頭が良くても愚かな人「＝ＥＱの低い人」はいる。鬱病者などは、たとえ頭が良くても愚かなのである。愚かにしか行動できないと言ったほうがいいかもしれない。

彼らは近い人に密着して傷つく。そして親しい人に敵意を持つ。それを表現できなくて自分に向ける。悶々《もんもん》と苦しみつつ、やがて無気力になる。しかし彼らにしてみれば、それ以外に生きる方法が見つからないでいるのではなかろうか。

ベラックの表現を借りれば、彼らは「仮面を被《かぶ》り、死人のようにどんよりとした目を持った彼[33]」になる。このように無気力になってしまう人間の心の底には「助け

てくれ！」という痛切な訴えがあるのではなかろうか？　鬱病者には、温かい家庭に育った人には想像もつかないような呻《うめ》きや悲鳴があるのではなかろうか。

私は鬱病者の求める雰囲気は、幼児の求める雰囲気であると思う。幼児期に幸いにして愛情深い親に出会えたものはこの要求を満たし、賢い生き方ができる。たとえば悪い男にだまされた時に、憎しみに駆られて復讐に一生を費《つい》やしてしまうような愚かなことはしない。愛情深い親に出会えたものは、いろいろな事件に出会いながらも、最終的には生産的な人生を送ることができる。

しかし他方に愚かな生き方をして一生を無駄にする人がいる。愚かな生き方をしてしまう者は、冷たい親の元で愛情を知らずに、愛情飢餓感に苦しみつつ、ついついそうなっていってしまうのであろう。賢い生き方ができる人間から見れば、「何で、あんな愚かなことを」と不思議になるようなことを、ついついしてしまう。

外から見ると同じような人生でも、辛い人には辛いのである。人生は辛い人には辛い。楽しい人には楽しい。この単純なことが、愛情豊かに育てられた人にはなかなか理解できない。

単純な例で説明していこう。孤立の恐ろしさについて『母子関係の理論』（ボールビー著、岩崎学術出版社）に猿を使った実験が紹介されている。詳しい説明は省くが、何がわかったかと言えば、次のようなことである。

猿はグループの中にいる時のほうが恐怖反応が少ない。孤立するといろいろな場面でストレスが強くなる。人間でもストレスの強い人とそうでない人といる。ストレスの強い人は怯《おび》えなくていい時にも怯える。恐れなくていい時にも恐れる。

いつも不安で怯えている人にとって生きることは辛い。愛情を知らないで育ってしまった人は、いつも心の中で孤立しているのである。皆と一緒にいても心理的には孤立している。最後のところで他人を信用できない。他人に対して、最後のところで自分を支えてくれないという不信感がある。

日常生活の中で、不信とストレスと怯えと隠された敵意に苦しめられながら生きている人には、人生は辛い。そういう人が満たされない愛情願望をもって他人に絡むのである。だから絡まれたほうはたまらない。彼らは相手に絡みつつ相手を信じていない。信じていないにも拘《かか》わらず、何かを求めている。だから絡むのかもしれない。絡むほうは絡むことで自分の心を癒《いや》そうとしている。

27 W. Tatarkiewicz, "Analysis of Happiness"『こう考えると生きることが嬉しくなる』加藤諦三訳、三笠書房、一九九一年、一四四頁—一四五頁。
28 前掲書、一七三頁。
29 前掲書、一七五頁。

30 前掲書、一七六頁。
31 Leopold Bellak, "The Porcupine Dilemma" Citadel Press Inc., 1970,『山アラシのジレンマ』小此木啓吾訳、ダイヤモンド社、一九七四年、三頁。
32 『躁うつ病の精神病理』三巻、飯田真編、「うつ病者と雰囲気」大森健一、弘文堂。
33 Leopold Bellak, "The Porcupine Dilemma" Citadel Press Inc., 1970,『山アラシのジレンマ』小此木啓吾訳、ダイヤモンド社、一九七四年、三八頁。

第8章

真の親しさを求めなさい

ない。

好きだけど憎らしいという大人の矛盾

日本語に「詰《なじ》る」という言葉があるが、英語では nag である。これは愛着人物＝「執着人物」へ向けられた敵意の結果である。人と親しくなりたいのに、親しくなると、敵意を持ってしまう。この矛盾が解決できなくて苦しんでいる人は多い。親しい人がいなければ生きてはいけない。しかし親しい人は憎しみの対象にしかならない。

なぜだろうか。この場合も神経症的な人と心理的に健康な人とは違うと考えたほうが理解しやすい。心理的に健康な人にとって、親しくなるということは心がふれ合うということである。つまり相手に自分の感情を表現できる。不愉快な時には不愉快な顔ができる。自分の意見を言える。「いや」な時には「いや」と言える。「嫌い」な時には「嫌い」と言える。親しくない人には言えない自分の意見でも、親しくなると言える。自分の本当の意思を相手に伝えることができる。建て前ではなく、本音を言える。そうした意味で遠慮がない。

よく「子供は正直だから」と言う。「まずい」と感じたら、お客さんの持ってきたものでも「まずい」と言ってしまうからである。大人でも親しくなるとお互いの関係は、正直になる。

ところが神経症的な人はどうであろうか。今まで述べてきたように、言いたいことが言えなくて、不満になるということの他に、親しくなると相手に求めだす。自分の感情を受け入れてほしい、自分に同情してほしい、自分の意見をすべて通してほしい、自分を理解してほしい、などと相手に対する要求が際限もなく出てくる。

そして、自分を受け入れてくれなければ相手に憎しみを持つ。自分は相手のことをこんなに思っているのに、相手は自分のことを受け入れてくれない、と相手に憎しみを持つ。相手に対する要求や束縛を、相手に対する愛と錯覚する。

そもそも神経症的な人と心理的に健康な人とでは、相手を選ぶ段階で違っている。心理的に健康な人は、相手が好きで相手と親しくなっていく。神経症的な人は、相手が好きで親しくなるというよりも、初めから自分の要求が通る相手として相手に近づいていく。そして親しくなったと思う。そして相手に対して恩着せがましく、「これだけあなたのことを思っている」ということを主張する。自分の「これだけ思っている」ということに対する報《むく》いがない。そこで相手を憎みだす。しかし相手から簡単に離れられない。すると「詰る」ということが始まる。

ドンファンは次々に新しい恋人を追い求める。それはその恋人や友人が自分に近くなり、わがままな要求を始める。恋人は自分にとって必要な人間になるが、自分の要求を通さなければ、その結果自分のわがままな世界を妨害する人間に変わってしまい、敵意を持つようになるからである。

ドンファンのような心理的な成長に失敗した人間は、はっきりした自分の主張はない。とにかくまず自分を受け入れてほしいという要求が先である。そしてそれが受け入れられずに、心の底にその不満を鬱積《うっせき》させていく。しかしはっきりと敵意を表現できない。そこで相手と一緒にいると何となく不愉快になる。

ピーターパン症候群の若者も、新しい友人を大切にする。ピーターパン症候群の若者もドンファンも、その心理状態の結果、その親しくなった恋人といると気持ちが重苦しくなるのである。たとえば他の女と遊ぼうとする時に、この恋人は邪魔になる。自分のわがままの妨害になる。そこで相手に不満を持つ。新しい恋人は自分のわがままな世界を妨害しない。まだ相手に対して一人よがりな要求を出していないからである。だから不満は鬱積していない。

要するに彼らは一人では生きられないくせに、他人が自分にかかわることを嫌うのである。その結果近くなり、親しくなった人を嫌いになる。近くなると同時に嫌いにもなる。でも普通の人よりも寂しがり屋だから普通の人よりも人を求める。依存心が強い限り、この矛盾した心理状態は起きる。

大人になるとこの矛盾した感情を処理できる。浮気をした恋人を持った時の感情である。恋人を好きであるが、憎らしい。こんな時には相手に恋しつつ、憎しみを表現できる。もちろん憎しみだけになればすぐに別れる。大人になると、好きだけど憎らしいということが可能である。一方の感情を自分の意識から無意識へ追いやる必要がない。憎みつつ愛を求めるということをする。しかし情緒的に未成熟な人は、この矛盾になかなか耐えられない。

だから情緒的に成熟した人は対立し、喧嘩をしながら親しくなっていけるのである。だから心理的に成長した人は自己主張しつつ、相手の意思も尊重できるのである。言いたいことを言うだけで関係が壊れてしまうのは、単なるわがままである。しかし心理的に成長した人は、言いたいことを言いつつ、関係を維持できる。いつも言いたいことを言っているから、相手に対して素直な感情でいられる。

心の健康な人は「ほうっておく」ことができる

ロロ・メイの本[34]を読んでいたら、夫婦関係の説明で次のような言葉が出てきた。aggressive-depencency nagging という言葉である。攻撃的ではあるが同時に依存的である。そのような相手の詰り方である。

相手に依存しながら相手を攻撃するというのは、単なる攻撃よりも始末が悪い。「詰る」という言葉にはそのニュアンスが初めからあるが、「依存的攻撃性を含んだ詰り」という言葉で表現される関係は、近い関係にはよくあることである。

家庭内暴力がまさにこれである。暴力を振るう子供は、母親に心理的に依存している。家庭内暴力ではなくても「嫌がらせ」というのが依存的攻撃性である。相手と「関係なく」暮らせない。相手が好きでないなら、相手と関係なく暮らせばいい。しかしそれができない。「愛する人物に向けられた敵意」[35]は双方を不愉快な思いにさせる。

そしてもしこのような夫や子供が配偶者や親を責めなければ、自分自身が憂鬱になる。それは攻撃性が相手ではなく、自分に向けられるからである。しつこく相手を責めていることで、彼らはかろうじて憂鬱になることを避けられている。また相手をしつこく責められないことで憂鬱になっている人も多い。相手を必要としているから、あるいは相手から嫌われたくないから、相手から「いい人」と思ってもらいたいから、ストレートに攻撃性を表現できない。自分を「いい人」にしつつ、相手を攻撃したい。それが詰ることではなかろうか。

相手を責められないのは、すでに述べたように、攻撃性を相手に向けることで、黙って今述べたように相手を失うのが怖いからである。彼は八方塞《ふさ》がりになって、憂鬱な顔をしている以外に方法がなくなる。これが「もうどうにもならない」という感情である。

相手をしつこく責めたり、相手に絡《から》む人も悲劇であるが、責めたり、絡めなくて暗く落ち込んでしまう人も悲劇である。そしてこのような人の周囲にいる人もやりきれない。

嫌がらせをされるほうは、「お前と何の関係もないだろう、ほっといてくれ！」と言いたくなる。絡まれたほうは絡まれて不愉快である。しかし嫌がらせをするほうは、相手に心理的に依存しているから、相手を「ほうっておく」わけにはいかない。小学生の男の子が好きな女の子に意地悪するのと同じである。好きだから知らん顔できない。

「ほうっておける」ということを、能動性であるとビンスワンガーは述べている。「ほうっておける」という人は、自分に目的がある人であろう。自分にやることがある人である。「ほうっておけない」人は、自分の目的がなくて、相手にこうしてほしいという要求しかない人である。

依存的攻撃性の人は、とても相手を「ほうっておく」ことはできない。自分に目的がないからである。「あなたのためを思って……」という口実で相手に絡む。あるいは「私は人間としてあなたにこうしてほしい……」というような言い方で相手に何かを押しつける。要するに絡む。あるいは「私は人間として……あの人を許せない……」式の言葉で他人に絡んでいく。自分の目的のなさを「相手のため」ということにすり替えている。自分の目的がないから相手の操作に自分のエネルギーを向ける。

依存的攻撃性は、ただのストレートな攻撃性よりもはるかに始末が悪い。要するにねちっこいのである。相手に心理的に依存していればいるほど、相手の自分に対する態度が重大になってくる。そこでどうしても相手に不満が出てくる。その結果、相手に敵意を持ち、攻撃的になる。依存的攻撃性というのは、日本では珍しい心理現象ではない。

「ほうっておけない」もう一つの原因は、投影である。投影とは、自分の中の認めがたい感情が、ある外的な対象に属すると見なすことである。自分が卑怯《ひきょう》なのだけれども、自分が卑怯だとは認められない。そこで誰かの中に卑怯な性質を見つけてきて、その人を非難する。

ハーヴァード大学の心理学教授であったオルポートは、投影とは全面的に自分の側にある属性であるにも拘《かか》わらず、他人の側にあると見なすことと述べている[36]。投影された側は自分には全然ない属性であるのにその属性があると見なされる。

ここで大切なのは、投影した相手を非難するということである。相手を非難することで、自分の心の葛藤を解決しようとしていることである。投影された側は、まさにヤクザに因縁《いんねん》をつけられたようなものである。

自分の心の底に抑圧した感情を他人に投影する人は、相手との間に適切な距離をとれない。相手を非難することで自分の心の葛藤を解決しようとしているからである。しかもその非難は「しつこく」なる。相手に絡みつきながら相手を非難する。それは相手が問題ではなくて、自分の心の葛藤が問題だからである。

相手と適切な距離を保《たも》てない人は相手を見ていない。相手がどういう人か、相手が何を望んでいるかを観察できれば、近づきすぎることはない。相手を見ていないから、単に近づくことが愛と思っている。自分の心の葛藤を相手との関係で解決しようとしているから、適切な距離をとれないのである。相手の自分に対する態度で自分の心の葛藤を解決しようとしているから、近づきすぎて嫌われるのである。

完全と比較すれば、誰でも無能である

本質的には、その人が自分の心の葛藤に直面して解決しなければ解決はできない。しかし今、愛とか、正義とかを持ち出して相手を非難している。先に述べたように、「あなたのため」という「愛」とか、「人間として許せない」という「正義感」とかを持ち出して、相手を非難する。非難することで自分の心の葛藤を解決しようとしている。本当は愛も正義も関係ないのである。そこで、相手を非難しても非難しても、いつまで非難していても、心は「すっきり」しない。だから、これでもかこれでもかと、愛とか正義を持ち出して相手をねちこく非難するのである。

相手を非難し、責め続けていない限り、また自分の心の葛藤に直面してしまう。相手をしつこくいつまでもいつまでも責め苛《さいな》むのは、相手を責め続けない限り、自分の欠点から目を背《そむ》け続けられないからである。つまり自分の抑圧した感情から目を背け続けられないからである。

満たされない顔でいつまでもしつこく相手の些細《ささい》な欠点を責め続ける人がいる。どうでもいいようなことなのであるが、「あなたには誠意がない」という言い方をする。実は誠意がないのはまさに「あなたには誠意がない」と相手を責め苛んでいる、その人である。相手を責めることに、自分の感情のはけ口を見つけているのである。

この人たちは自分の目的とか自分の意思とかを持っていない。持っているのは抑圧された感情だけである。そして自分の欠点を悟られないように、相手を責めるから、愛とか、正義とか、人間としてとか、くどくどと理屈っぽく相手を責めるのである。自分の本当の姿を隠しながら相手を責める人は、その場にふさわしくない大げさな理念を言う。

このような人に絡まれると始末が悪い。なぜならそのような人と離れようとすると、つきまとうからである。つまりそのように相手を責める人は、相手を必要としているのである。自分の心の葛藤を解決するために相手を必要としている。だから相手から離れられない。

しかし自分の心の葛藤を解決するために、今自分は相手に絡みつき、相手を責めているなどとは決して認めない。それが認められるくらいなら、もともとそのような心の葛藤を持たなくて済んでいるのである。それが認められないから、相手を責めている。

したがって、離れようとすれば、いよいよ激しく責め苛む。いよいよ相手にしがみつく。そして自分の非難を正当化するために、「人間としての誠意」とか「人間としての愛」とか、その場に不釣合いな大げさな理念を持ち出す。その非難している その人が、最も誠意や愛を欠いているのであるが、とてもそれを認めることなどできない。

自分の心の葛藤を解決するために相手を非難する人は、非現実的な理想像と比較して相手を責め苛む。それは責めている本人が、現実の自分と理想的自我像の自分との乖離《かいり》に苦しんでいるからなのである。

その責めている本人の深刻な劣等感が、相手に理想的な人間であることを求めさせるのである。その人は、自らの神経症的な栄光追求の挫折から相手を非難しているにすぎない。何度も言うように、物事を複雑にするのは、その劣等感を相手に悟られまいとして相手を責めているからである。相手を責め苛んでいる本人が自分を受け入れることができない限り、相手を受け入れることはできない。責めている本人が現実の自分を理想の自我像と比較して自分を蔑視《べっし》している限り、相手を蔑視し、非難する姿勢は改まらない。

　自分を受け入れられなくて、その葛藤を他者に投影しているのが、相手を責め苛んでいる姿である。自分が自分を蔑視してしまっていながら、自分が自分を蔑視していることを認められない、自分がそのように軽蔑すべき存在であると心の底で感じているということが認められない、自分に対する蔑視を抑圧する、そのような抑圧が投影されて、相手を非難しているにしかすぎない。

　いつまでもいつまでもしつこく相手を責め苛むのは、相手が問題ではなく自分の心の葛藤が問題だからである。自分の心の葛藤が原因なのに、相手を責め苛んでいるから、いつまで相手を責めてもそれで気が済むということがないのである。相手を責めているのは気晴らしみたいなもので、本当の原因から目を逸《そ》らしているにすぎない。

　もし相手をしつこく責めている人が、一度なぜ自分は自分を軽蔑したかということを考えてくれれば、それだけでも相手を責めているよりも救われる。誰が自分を無能と決めたのか？　誰が自分は愛されるに値しないと決めたのか？　親をはじめとする第三者ではなかったか。その人たちが決めたことは正しかったであろうか。

そもそも有能とは何か。

　親の意見にしたがった自分が間違っていた。それだけである。完全と比較すれば、誰でも無能である。自分に欠けていることは「しょうがない」。

「詰《なじ》り」は言葉になった悩みである

　相手と適切な距離をとれる人は、素直な人である。素直な人は、その時その時で相手を見ている。その状況で相手を判断する。そして、たとえばこの人は今は自分一人でいたがっている、と観察できる。そして「今はほうっておいてあげるのがいい」と判断し、それを選択できる。どういう行動をとるか選択できる。しかし神経症者はそれができない。

「ほうっておける」ということが、相手との間に適切な距離をとれるということである。よく「近づきすぎて傷つけ合う」ということが言われる。神経症的な人は近づくことを愛と思っている。だから何をしても許されると錯覚する。そこで傷つけ合ってしまう。遠くから見守ることも愛なのである。

　心理的な問題を解決する最も安易な方法は、たいてい他人を巻き込むことである。そこで心理的問題を抱える人は、他人との間に適切な距離がとれない。相手と適切な距離をとれない人は、相手を見ていない。

ところで始めの「詰る」に話を戻す。「詰る」は英語で言うと nag である。『悩むのは止めなさい[37]』という本を書いているジョージ・オートン・ジェームスは次のように書いている。

「詰る人は悩んでいる[38]」

「詰り」は言葉になった悩みである。詰りの親は悩みであると彼は言う。要するに相手を詰る人は、悩んでいる人だということである。部下を詰る上司は悩んでいる。妻を詰る夫は悩んでいる。恋人を詰る恋人は悩んでいる。子供を詰る親は悩んでいる。友達を詰る友達は悩んでいる。生徒を詰る先生は悩んでいる。詰ることで自分の悩みを解決しようとしているのである。

　相手を詰ることで、何もいいことは起きてこない。ジョージ・オートン・ジェームスは、詰るとは相手がおなかがすいているのに聖書を与えるようなものだ、と言う。相手の望んでいるものは食べ物である。それなのに宗教上のパンフレットをあげるようなものである。だから、詰ると人は逃げていくと言う。

　しかし詰る人は相手に絡む。詰る人は、相手を失うこともできないが、相手を愛することもできない。その八方塞がりの状態なのである。相手が逃げていった時に、自分は相手を失ったという現実を受け入れることができない。そこで相手に正義とか愛とかを唱《とな》えてまとわりつく。

詰る人もまた寂しいのである。つまり詰る人は、自分の要求が受け入れられていない。そして詰っても詰っても相手の態度にイライラしている。

「相手に気に入られたい」のつき合いが長続きしないワケ

相手を必要とするために、相手に気に入られようと無理をする。相手に「こうしてほしい」と言うために自分の必要性を犠牲にする。自分を主張することをさける、自分の欲求を犠牲にする。相手に「借り」をつくりたくないのである。負い目を負わずに自分の要求を通そうとするから、いつまでたっても自分の要求はすっきりとは通らない。

相手に気に入られないのではないかという不安から、やりたいことを次々に諦めていく。たとえばどこか行きたいのだけれども、相手の意に沿わないかと恐れて止める。諦《あきら》めながら心の底で相手に何かを期待しているのである。しかしその期待は裏切られる。その結果相手に対して密《ひそ》かな敵意を持つようになる。服従と敵意はわかちがたく結び付いているという、フロムの説の通りである。服従と敵意の「服従」は、自分の要求を通すための手段である。「敵意」はその要求が通らなかったことに対するこちらの感情である。

また「他人にペコペコすること」と「他人を嫌うこと」との間には、関係があるという、エリスの説の通りである。「他人にペコペコする」ということは、自分を出さないということである。実際の自分の感情を表現しないということである。その人が嫌いになるのは当たり前である。その人の前で実際の自分を出していいから、その人といると気が楽なのである。だからその人が好きになるのである。

「他人にペコペコすること」とは、やたらにお世辞を言うことであり、自分の心に嘘をつきながら、あなたを信じますと言うことであり、あなたの力をお願いしますと言うことであり、あなたの愛を下さいと言うことである。それは哀願である。そしてそれだけ哀願したのに、あなたは私を裏切った、それなのに力を貸してくれなかった、それなのに何もしてくれなかった、そして相手を恨みだす。

また分離不安があるために独立への願望を抑える。一人では何もできないのだが、一人で何かをしたい。その矛盾でイライラする。そのイライラを「近い人」にぶつける。

自分の不安に対処するのに、相手に気に入られるという対処の仕方をとったものは、さっぱりした性格にはなれない。彼らは自分の生存の基盤を敵国に依存している国のように、心理的に不安定なのである。相手に気に入られることで不安に対処しようとすると、自分が自分にとって頼りなくなる、とカレン・ホルナイも述べている。

考えてみれば、なんとも頼りなくなるのは当たり前なのである。不安な人は相手を信じてはいない。他人を信じられない。他人を信じられないのに、他人に気に入られることでしか生きられなくなってしまったのであるから、心理的に不安定であるのは当然である。

相手が「自分のことをどう思っているか?」ということしか考えられない。彼は相手を信じられない。しかし相手を心理的に必要としている。心理的に必要としている相手から見捨てられる不安を持っている。そこで見捨てられないように一所懸命相手の役に立とうとする。気に入られようとする。相手の欲求を満たすことで、相手に見捨てられまいとしている。また何よりも自分の価値を相手に見せるために、すべてのエネルギーを使う。だから生産的なことが何もできない。

そして相手の気に入られるためにいろいろとするが、思うように相手から特別の愛情を得られない。そこで相手に不満になる。その上、心の中では虚《むな》しい。しかしその不満や虚しさをストレートに表現できない。それが今まで述べてきた心理である。

見捨てられまいとして相手に尽くすことは、その人の自我の成長に障害となる。小さい頃、見捨てられる不安のない愛情に包まれて自分にできることをしていく人がいる。その中で自我の確立はなされていく。

自我の確立した人の不安は、今述べてきたような不安ではない。心理的に健康な人の不安とは、自分の目的がかなうかかなわないか、という不安である。神経症的な人のように、自分が相手に嫌われやしないかという不安ではない。

寂しさは隠さないほうがよい

不幸にして小さい頃愛されなかった人は、自分の潜在的可能性を実現していくことを心がけるしか真の解決方法はない。自分の宿命を受け入れる。それ以外に生きる道はない。第一に、人に良く思われるということを脇において、自分は何をしたいのかを考える。また恋人であれ、同僚であれ、配偶者であれ、自分の相手は本当に自分にふさわしいのかを考える。ふさわしい相手とは、本当の自分を表現できる相手である。自分の思ったことをそのまま伝えることができる相手である。

人間関係のさまざまなトラブルのもとの原因の多くは、寂しさである。寂しいから優しさを求めすぎる。その結果煩《うるさ》がられて大切な人を失う。傷ついて怒る人と同じように、寂しさを隠すために怒る人もいる。気の強い恋人は寂しい時に相手を非難する。「私は寂しい」と言わないで、「あなたはそういう人なの、利己主義」と相手を非難する。その結果、相手を「冗談じゃーない」という気持ちにさせ、大切な人を失う。

寂しさを隠すために名誉を求める人もいる。名誉は得られない場合が多いし、得てもそれを維持するのに緊張している。その結果、心の安定を失う。そしていよいよ優しさのない人たちばかりが周囲に集まる。心理的に健康な人は自分の目的に向かって努力しているから、心の安定は得られる。努力を楽しんでいる。

寂しいといっても、神経症的な人の寂しさと心理的に健康な人の寂しさは違う。心理的に健康な人の寂しさは、「あの人」という特定の人が自分を理解してくれないという寂しさである。神経症的な人は、どれだけの人が自分に注意を向けてくれるかということが大切である。したがってその要求が満たされない時に寂しいのである。

何度も言ってきたように、神経症的な人は、寂しいから相手を詰るのだが、詰ることでは何も解決しない。解決しないどころか、より寂しい境地に追い込まれるだけである。

神経症的な人は、愛されなかった過去をしっかりと自分の中に受け入れる以外にどのような解決の道もない。人に絡みつき、詰り、不機嫌になり、被害者意識に陥《おちい》り、惨めさを誇示し、注目を求めても道は開けない。自分の中にある愛情飢餓感をしっかりと認め、誰をも責めることなく、自分の宿命として受け入れることである。そして自分のできることをこつこつと成し遂げていく以外に、道は開けない。

愛情飢餓感が、正義とか真理とか愛情の仮面を被《かぶ》って登場した時には、破滅への道を進みだしたのである。「私は寂しい」と素直に認めて出発しないで、「真理のために」とか「正義のために」とか「あなたのために」とか真っ赤な嘘をつくから生涯苦しみ続けるのである。

自分の宿命を受け入れられなくて生涯苦しみ続けた人は多い。ある人は温かい家庭に生まれる。ある人はノイローゼの親の元に生まれる。天国に生まれる人もいれば地獄に生まれる人もいる。それは神が決めることで人間が決めることではない。運命は受け入れる以外にない。その宿命にどのように対処したかに、人間の偉大さはある。

日本に多い内面《うちづら》の悪い夫

寂しさ以外でも自分の本当の感情を隠すと、人間関係はうまくいかない。日本に多い内面の悪い夫などは、何か本当の感情を隠している。たとえばイライラして家に帰ってくる。父親は子供たちに「わー、おかえんなさーい」と騒がれて迎えられたい。妻からは「大変だったでしょー」と迎えられたい。しかし期待通りに家族は迎えてくれない。父親は不愉快である。しかしその不愉快さの原因を説明できない。自分はそんな幼稚な父親と思われたくないからである。

そこで家族の行動に因縁をつけだす。お茶の出し方、食事の時間の遅れ、乱暴な会話の仕方、夕刊の持ってき方などで因縁をつける。因縁をつけられたのだということを理解しないから、「何で夫は不機嫌になったのだかわからないんです、とにかく突然怒りだすのですから」と奥さんは不思議がる。

彼が怒ったのは、その怒りだしたことが原因ではない。「嫌だなー、そのお茶の出し方は……」と言って怒りだすが、実はお茶の出し方が原因ではない。その前の家族の態度が原因なのである。またそれ以上に家に帰ってくる前の外でのことが原因なのである。しかしそれらはすべて家族に説明できない。

たとえばある大学教授の場合である。家族は悲鳴をあげている。突然父親は怒りだす。何で怒りだすか家族にはわからないから、父親が帰ってくると全員がピリピリしている。ピリピリするほど神経を使っていても、やはり父親は何かで怒りだしてしまう。

この父親の場合、まず大学が嫌いなのである。教育研究が嫌いである。小さい頃から勉強が好きだったわけではない。しかし諸般の事情から大学に勤務することになってしまった。昔だからそういうことがあった。お金持ちの親戚や、政治家の父親への反発から「勉強は大切」という価値観を持っている。それを自分の子供に言い続けている。大学は最も価値の高いところと子供に言い続けている。家族に自分の価値を売り込むためである。大学教授は最高の職業と家族に言い続けている。そのために今さら「俺は大学が嫌だ！」とは言えない。しかし実は「大学が嫌い」なのである。「勉強は嫌い！」なのである。この父親が「俺は大学が嫌だ！」「勉強は嫌いだ！」と家族に言えればイライラのすべては解決する。しかしそれが言えない。なぜなら自分は大学が嫌いと家族に思われたくないからである。大学が嫌いということは彼にとっては自分の恥部《ちぶ》なのである。

だから大学が大変だ、大変だと言いつつも、奥さんが「大学ってそんなに大変なのですか？」と質問すれば面白くない。「それなら大学を辞められたら」などと言ったらヒステリーになる。とにかく彼はイライラの解決の仕方がわからない。

怒りだすと、「男は外で大変なんだ」と始まる。「男の職業は生やさしいものではない」「君らは世間を知らない」と始まる。「俺は外で大変だから、もっと家では大切にしろ、外で大変だから、家では特別なのだ」と言いたい。

本音は「俺は嫌なことをこんなにしている、だからもっと大切にしてくれ」という愛情欲求である。強度の欲求不満である。しかしそれを認めてしまえば、自分の価値をどう売り込んでいいかわからない。そこで言えない。そこでお茶の出し方に因縁をつけて、「嫌だなー、そのお茶の出し方は……俺は疲れているんだ」と怒りだし「大学の会議がどのくらい大変なのだかお前らにはわからないんだ」と喚《わめ》くしかなくなる。そしてその怒りや不機嫌はしつこい。いつまでも怒っている。つまり自分の感情が収まるまで怒っている。その感情が複雑だから、なかなか収まらない。

怒りだした本当の原因は、表面的に見える怒りだした原因ではない。心理的に健康な人の場合には、「これが気に入らない」と本人が主張していることが原因ではない。心理的に健康な人の場合には、このように怒っても相手の理解で収まる。しかし神経症的な人の場合には理解されても困るのである。だからいつまでもしつこく相手を見当違いのことで責める。

「親しさ」を知ると無価値感は消えてゆく

「本当のことが言えない」、このためにどれほど人間関係が混乱するかわからない。またどれほど本人は寂しい人生を送らなければならなくなるかわからない。

わかりやすい例でいこう。泥棒をしている人がいるとする。もちろん自分が泥棒であることを隠している。ある時にある場所で知人に「その荷物取って」と頼まれた。そしてその荷物を体を伸ばして取ったとする。その時に「その荷物取って」と頼んだ人が「え？　どうしてそんな取り方をするの？」と何気なく聞いたとする。

すると自分が泥棒であることを隠している人は、自分のすべてを見透かされたと思うかもしれない。するとその「え？　どうしてそんな取り方をするの？」という言葉にこだわりだす。「取ってもらっておいて、その言い方はなんだ」と怒るかもしれないし、「悪い、悪い」と急に迎合しだすかもしれないし、相手の言葉が聞こえなかったふりをするかもしれない。

急に怒りだした時にはしつこい。怒りだした本当の原因は、「え? どうしてそんな取り方をするの?」という言葉ではない。彼が自分の本当の姿を隠していたことである。こうした時にいくら二人が話し合っても理解し合えることはない。

本当のことが言えないというなかには、それを言ったら相手を責められないということもあるだろう。青年が愛情欲求不満から親に敵意を持っている。何かうまくことが運ばなかったことで、彼は「本当は僕が悪い」と思っている。しかし敵意からとにかく親を責めたい。親を責めるためには自分の責任を認められない。そこで親に責任転嫁して怒り続ける青年もいる。若者であれ、壮年であれ、男であれ、女であれ、いつも怒っていたり、いつも不機嫌な人々は何か本当の感情を人々に隠しているのである。

これらすべては自分の価値を確信できないことが原因であろう。自分は相手にとって意味のある存在だと感じられないから、つい自分の重要性や価値を相手に売り込もうとしてしまう。その結果、本当のことが言えなくなる。

これを直すには、神経症的な人が人と親しくなるという経験をするしかないであろう。人と親しくなった時に初めて、相手が社会的評価とは別に自分にとっては特別の価値があることが理解できる。そのような体験をして、初めて自分も相手に自分の価値を売り込む必要はないのだと感じられるのである。社会的評価、利害得失とは関係なく、自分は相手にとって価値があるのだと理解できる。

神経症的な人が理解できないのは、どういうことであろうか。五百円の商品も、愛着が出ることでその人の宝になるということである。愛着が出ることで、五百円のものは五百円でなくなる。かけがえのない宝になる。神経症的な人にとっては、五百円の商品はいつも五百円なのである。一万円の商品はいつも一万円の扱いしかしない。神経症的な人の心の中は、商品なのである。心理的に健康な人は、たとえ五百円のものでも愛着が出る時には、修理費のほうが高くてもそれを修理する。その商品にはもう金額は関係ない。こういったことが神経症的な人には理解できない。

また、神経症的な人は親しさが理解できていない。たとえば山に登るとする。一緒に登ればそれは仲間だと思う。心がふれ合っているかどうかではない。家族は「親しい」のである。お互いに心を隠し合っていても、家族という形で「親しい」と思う。

神経症的な人は、一緒に山に登らなくても、心がふれ合っていれば仲間だということが理解できない。神経症的な人は別行動をしてしまうと仲間でなくなる。人を好きになるということは、「その人」を好きになるということなのであるが、それが理解できない。

神経症的な人は、一緒に山に登ればそれで「親友」になってしまう。心の在り方ではなく、同じクラスであるとか、家族とか、そうした外側の形が重要視される。神経症的な人には、好きになる、親しくなるということは、じっくりと時間をかけて達成されるものだということが理解できない。

したがってある神経症者たちにとっては、心がふれ合っていなくても、家族というのはものすごい意味のある存在になる。家族は、形としては近くできているからである。つまり「家族の者」だからこれをしていい、というようなエゴイスティックな要求を平気でできる。

神経症的なエゴイストは、外の人にはいい顔をするが、家族には身勝手な要求をする。その身勝手な要求の犠牲になるのが鬱病者である。鬱病者になる人は、家族の中で常に縁の下の力持ちの役割をさせられている。その人の犠牲の上で家族関係が保たれる。

神経症的なエゴイストたちは、形の上で近い人に対しては身勝手な要求を当然の権利のようにしている。形の上で近いというだけで、気持ちは親しくない人にものすごい要求を平気でする。神経症的な人たちの間では、形の上で近い関係は搾取、被搾取の関係になってしまう。

ある神経症的な姉は結婚してからも、自分の家の修理の費用は弟に負担させていて当たり前と思っている。それは「弟」だからなのである。神経症的な人たちは人と親しくなれないので、形の上で近い人とは搾取、被搾取の関係になりがちである。搾取、被搾取の関係にならないと、憎しみ合いの関係になる。

34　Rollo May, “Love And Will”『愛と意志』小野泰博訳、誠信書房、一九七二年、八四頁。

35　この場合も先に指摘したように、「愛する人物に向けられた敵意」は「自分が愛を求めている人物に向けられた敵意」である。

36　Gordon W. Allport, “The Nature of Prejudice”, A Doubleday Anchor Book, 1958, p.365.

37　George Wharton James, “Quit Your Worrying !”, The Radiant Life Press, Pasadena, Calif, 1916.

38　Nagging is worry put into words. [“Quit Your Worrying !”, p.58.]

文庫版あとがき

人は近い人に対しては複雑な感情を抱く。

たとえば子供は、親には素直になれないけれども、親以外の人には素直になる。子供の研究家として名高いボールビーは「怒りと不安と愛着」が同時に発生する心理過程を述べている。つまり人は、同じ人物に対して愛と不安と怒りの感情を持つようになる。

〝不安〟と〝怒り〟(anxiety and anger)は同じ語源から派生したという。

しかし人は嫌われるという不安があると、怒りの感情を吐き出せない。怒りの感情を出すから素直になれるのであるが、その怒りの感情を吐き出せない。

つまり人は近い人にはなかなか素直になれない。

したがって人はなかなか素直に「ありがとう」と「ごめんね」が言えない。

心理的に健康な人は心理的に統合性を保っている。つまり憎しみと愛着というような矛盾した感情を同一人物に対して持たない。

私は情緒的成熟をはかるメルクマール(指標)は近い人に対する素直さだと思っ

ている。

ある期間親との離別の経験をした子供は、離別のおどしに不安と怒りの両種の行動を誘発させるとボールビーは言う。

人はなかなか素直にはなれない。自分が悪いと心の底では思っても、たとえば恋人になかなか謝れない。

泣きながらお母さんの足を蹴《け》っている子がいる。その子は玩具《おもちゃ》売り場に行って玩具を買ってもらいたい。

お母さんが、「玩具売り場に行こう」と言う。しかしお母さんは玩具売り場に行きたくないということを子供は知っている。そこで子供は、「いいよ、いいよ」と言う。玩具売り場に行って玩具を買ってもらったら、お母さんが自分を嫌いになるということを恐れている。

そこで行きたいけど行けないので、泣きながらお母さんの足を蹴る。

お母さんは「私は玩具売り場に行こうと言っているじゃない」と子供を責める。

だから親子関係も恋愛関係も近い関係は難しいのである。

ところで、素直さの反対が不機嫌である。

不機嫌な人は相手に敵意を持ちながらも相手から離れられない。不機嫌は敵意と愛着の同時発生の心理状態である。

「依存と攻撃」とか「依存と支配」とかよく言われる。攻撃しながらも相手から離れられない。

子供は親に心理的に依存しつつ、それゆえに親を支配しようとする。そして親が自分の意のままにならないと傷つき親に敵意を持つ。

甘えているものは傷つきやすい。現実の世界では甘えが満たされないからである。そして傷つくから憎しみを持つ。だけれども相手に心理的に依存しているから離れられない。

その憎しみを直接的に吐き出せれば素直になれるが、吐き出せないから不機嫌に押し黙る以外にはなくなる。

メル友にはこの愛と不安と怒りの複雑な心理がない。実際の人間関係よりも、こうしたメル友の方が付き合うのには心理的に楽である。

しかしそこからは感動などの、真の人間関係の喜びは生まれない。

この本が少しでも人間関係の真の喜びを得る助けになればと願っている。

文庫化に当たっては、『人を動かすための手っ取り早くて確実な方法』（共著）同様にＰＨＰ研究所文庫出版部の犬塚直志さんにいろいろとお骨折りを頂きました。紙面を借りて感謝の意を表したいと思います。

この作品は、一九九七年五月にPHP研究所より刊行された『気が晴れる心理学』を改題し、加筆・修正したものである。

著者紹介
加藤諦三（かとう　たいぞう）
1938年、東京に生まれる。東京大学教養学部教養学科を経て、同大学院社会学研究科修士課程を卒業。1973年以来、度々、ハーヴァード大学準研究員をつとめる。現在、早稲田大学教授、ハーヴァード大学ライシャワー研究所準研究員、日本精神衛生学会理事、産業カウンセリング学会理事。
著書に、『心の休ませ方』『「日本型うつ病社会」の構造』（以上、ＰＨＰ研究所）、『なぜこの人は、自分のことしか考えないのか』（ＰＨＰエル新書）、『「やさしさ」と「冷たさ」の心理』『人生の重荷をプラスにする人、マイナスにする人』（以上、ＰＨＰ文庫）など多数。
【ホームページ・アドレス】 http://www.kato-lab.net

ＰＨＰ文庫　「不機嫌」と「甘え」の心理
なぜ人は素直になれないのか

2004年５月24日　第１版第１刷
2008年４月25日　第１版第９刷

著　者　加　藤　諦　三
発行者　江　口　克　彦
発行所　ＰＨＰ研究所
東京本部　〒102-8331 千代田区三番町３番地10
文庫出版部 ☎03-3239-6259
普及一部 ☎03-3239-6233
京都本部　〒601-8411 京都市南区西九条北ノ内町11
PHP INTERFACE　http://www.php.co.jp/
制作協力
組　版　ＰＨＰエディターズ・グループ
印刷所
製本所　図書印刷株式会社

ISBN4-569-66006-1